国家出版基金项目
NATIONAL PUBLICATION FOUNDATION

幼儿园领域课程指导丛书

幼儿园科学领域教育精要
——关键经验与活动指导

张俊 等 著

教育科学出版社
·北京·

前 言

在幼儿园课程的各个领域中，科学是教师们最感困惑的内容之一。这不仅缘于幼儿园教师本身的科学素养不足，更缘于大家对于该学科线索，即科学教育的目标取向、内容体系和方法途径缺乏理解。尽管幼儿园的课程形式越来越多地采用综合的或主题的，但是，"学科"仍应留在教师的心中，它是课程整合的重要基础。

基于以上理由，我们认为学前教育不能"谈学科色变"。无论是学前师范教育，还是在职幼儿园教师的培养，都不应忽视基本的学科教学知识。编写此书的目的，正是为了帮助幼儿园教师及准教师把握科学教育的学科特点和核心价值，了解幼儿园科学教育的基本内容和方法。

南京师范大学学前教育专业长期以来重视幼儿园课程各领域教育的研究，在本科阶段开设"学前儿童科学教育"的课程也有二十多年的历史。本书的编写建立在作者多年执教该门课程的经验基础上，是"教育部卓越幼儿园教师培养改革项目"和"江苏省高校品牌专业建设项目"的成果。本书的编写也是理论研究者和教育实践者密切联系与合作的产物。作者多年来得益于与幼儿园教师的共同研究、相互启发，尤其是近两年来，在江苏省高校"基础教育人才培养模式改革"协同创新中心的框架下，与相关幼儿园开展了卓有成效的合作，此书也是合作研究的成果之一。

全书的编写力求理论和实践相结合，通过理论观点的阐述和实践案例的呈现，帮助读者更好地理解科学领域教育的精要。各章分工如下：第一章张俊、臧蓓蕾，第二章张俊，第三章臧蓓蕾，第四章魏善婷，第五章夏莹，第六章李栋。全书由张俊、臧蓓蕾负责统稿工作。书中引用了南京市北京东路小学附属幼儿园、南京市实验幼儿园、南京市玄武门幼儿园等合作单位的案例，在此表示谢意。因时间仓促，书中不妥之处敬请指正。

南京师范大学　副教授　张俊

目　　录

第一章

科学与幼儿

科学教育向来是幼儿园教师感到困难的一个领域。究其原因，不仅仅是由于教师自身的科学知识缺乏，更是由于教师对于科学的本质缺乏理解，以及对于幼儿如何学习科学缺乏理解。而这些又对幼儿科学教育的实践有着直接的影响。

本章将从科学观的探讨开始，先分析不同的科学观如何影响了幼儿科学教育的实践，然后分析幼儿科学学习的特点，寻找科学与幼儿的联系点，最后阐述科学教育对幼儿发展的价值，以建立正确的科学教育价值观。

第一节　科学观与幼儿科学教育

一、什么是科学

科学这一概念对我们来说并不陌生，可是科学究竟是什么呢？对科学的不同理解反映了不同的科学观。正如科学经历了重大的变革和发展一样，科学观也经历了重大的转变。人们对科学的定义从传统的唯知识科学观转为全面的科学观，即科学是科学知识、科学方法和科学态度的结合体。

（一）传统观点：科学是知识

受文化传统和哲学思潮的影响，传统的科学观认为科学就是科学知识，将科学理解为一种知识体系。

1. 传统观点的缘起

将科学视为科学知识有着悠久的历史。从词源学上来看，科学与知识密不可分。英文 science（科学）一词的来源最早应追溯到拉丁语 scio（知，知识），拉丁语中首创动词 scire（知道，认识），该词的名词形式为 scientia（知识）。拉丁语进入法语后，在拼写上演变为 science，古英语从法语中引入这一词语，但主要用作 knowledge（知识）一词的同义词，后逐渐演变为"科学"。中文"科学"一词为外来词，science 曾被译为"格致"。明治初年，日本学者西周最先将 science 译为"科学"，是从"分科之学"的意义上理解的。1896 年，梁启超在《变法通议》中将"科学"这一说法引入中国。19 世纪末 20 世纪初，随着大量日文科学书籍的翻译引进，"科学"一词逐渐取代了"格致"。由此可见，无论是西方还是东方，科学一词自诞生之际就始终和知识有着不可分割的关系。

将科学视为科学知识有着深厚的文化根源。当人类带着文明的火种走过蛮荒，迎来文明的曙光时，知识开始以一种高贵的姿态被人尊崇。在理性至上的时代，知识更是被无限地抬高和崇拜。科学的发展加速了人类的文明进程，人们认为科学知识就是一切，掌握了科学知识就掌握了人类发展的方向。逻辑实证主义的哲学思潮更是将这一观念推向极致，这是一种典型的科学知识哲学，它将科学看作并且等同于知识的体系。科学和知识之间被画上了巨大的等号。作为一种传统的文化理念，这种观念直到今日也在一些人心中根深蒂固。科学就是知识，学科学就是学知识，科学家就是懂很多科学知识的人。知识成了科学的代名词，知识就是科学的，科学的就是知识。从蒙昧时代走来的人们紧紧地抓住知识的绳索，以此梦想到达科学的顶峰，殊不知这绳索并不是通向科学顶峰的全部。

2. 科学知识的特点

将科学视为知识有着悠久的历史和文化根源，"科学是知识"也是一种最普遍的理解。例如，1999 年出版的《辞海》中，就称科学为"运用范畴、定理、定律等思维形式反映现实世界各种现象的本质和规律的知识体系"。传统观点将科学仅仅视为科学知识固然有其片面之处，但是我们不可否认科学与知识密切相连，科学确实是一种知识。那么，科学到底是什么样的知识？它具有什么样的特点呢？下面是一些人对科学知识特点的描述：

"科学知识就是真理。"

"科学知识具有权威性。"

"科学知识是纯理性的。"

"科学知识是一成不变的。"

……

以上对科学知识的理解都或多或少存在着片面性，科学知识作为一种知识体系，具有和其他知识不同的特点。

（1）科学知识具有真理性

科学知识不是真理，但是科学知识具有真理性。科学知识的真理性是指科学知识必须符合客观的事实，它是对客观世界的真实反映。任何不能正确反映客观世界的知识，或是与客观事实不符的理论、解释，都应排除在科学知识之外。科学知识不是高高在上，使人必须相信和遵从的真理，它只是具有真理的特性。这种真理性体现在科学以客观事实为依据，并且通过合乎逻辑的推理得出结论。

科学知识的真理性是相对的。科学知识不是绝对可靠的，而是具有相对真理性。科学知识的相对真理性既体现在科学知识在一定历史时期内的真理性，又体现在随着历史条件的变化，过去认为是正确的、科学的知识完全可能被新的事实所推翻。例如，在牛顿力学产生之前，亚里士多德的关于运动的理论被人们奉为真理。当牛顿基于万有引力假说建构了力学庞大的知识体系后，牛顿力学又被奉为绝对的权威。随着以相对论和量子力学为代表的现代物理学知识体系的建立，牛顿力学被证明只能在物体宏观低速的条件下适用。尽管牛顿力学存在着局限性，但是科学家仍旧运用牛顿力学发现了海王星、测算出哈雷彗星的回归时间等，这也是牛顿力学知识体系相对真理性的体现。

科学知识是在不断地自我修正中完善的。人们对事物的科学认识并不是一成不变的，而是不断发展、变化的。科学知识的真理性表现在随时准备修正和发展已有的知识体系。如果人类已有的科学知识是绝对可靠、不需继续完善的真理，那么人类对科学知识不断的追求和发展将失去意义。科学正是在不断否定自我和修正自我的过程中得到发展的。正如哥白尼用"日心说"推翻了"地心说"，而"日心说"也被现代科学所推翻，科学没有最终的结论，人类永远走在趋近真理的道路上。

（2）科学知识具有经验性

科学知识的经验性是指科学知识来源于经验性的活动，而不是任何人的主观臆断。

相对于思辨性来说，科学知识的经验性强调科学知识是在收集和整理客观信息，在客观信息的基础上，进行思维加工，从而得出的结论，它强调的是客观的事实证据。由此可见，那些通过主观直觉获得的未经证实的"感悟"，或者出自权威人物的论断，以及那些打着科学旗号的"伪科学"知识，都不是建立在客观事实证据的基础上，因此也都不是科学知识。

相对于理性来说，科学知识的经验性表明科学知识的获得中除了理性因素之外，还存在经验性的、非理性的因素。理性在科学知识的扩张历史中发挥了巨大的作用，但科学知识并不仅仅代表的就是概念、判断、推理等纯理性的思维结果。科学知识也有可能是经验式的感悟成果。例如，看到美丽的风景，诗人可能逸兴遄飞而挥笔写下华丽的诗篇；音乐家可能灵感乍现而谱写出动人的乐章；科学工作者可能受到启发而成就伟大的发现。

当然，我们也不能把科学知识的经验性狭隘地理解为个人的亲身经历。科学知识的经验性并不排除理性的思考，关键在于这些思考必须建立在客观事实的基础上，而不是主观臆想。

（3）科学知识具有开放性

科学知识具有开放性是指科学知识不是固化、静态的知识体系，而是一个灵活、动态、具有多种接纳和包容可能性、时刻准备修正自我的开放体系。具体来讲，科学知识的开放性一方面体现在对已有知识的更新和修正，使原有的静态知识丰富灵动，使原来片面的知识得到更新；另一方面体现在对新异知识的接纳和融合，不断整合和发展人类对自然界的最新认识。

但是，科学知识的开放性并不表示科学知识可以没有标准、无所不包，并不表示任何新异的事物或现象都可以进入科学知识的怀抱中。事实上，科学知识的开放性不是无条件的接纳和无标准的准入，而是基于对已有知识的反思求精，对已有知识的怀疑探新，对已有知识的修正发展。因此，科学知识的开放性是基于一定标准的，那些没有事实依据和反科学、反人类的"知识"是不被科学知识的开放性所认可的。

在人类数千年的文明发展历程中，科学知识从原初的结绳计数、钻木取火逐渐丰富多元，繁荣壮大。正是科学知识的这种包容、动态的开放性，才使得人类能够在短短的几千年中构建出恢宏庞大、光彩夺目的知识殿堂。

（4）科学知识具有可重复性

科学知识具有可重复性是指科学知识应该是可以验证的、规律性的知识，应该经得起实践的检验，并能够服务于实践，在实践中不断发展。无论何人在何时何地重复某一实验，都能得到同样的结果，就说明这一结论是经得起验证的，是真正科学的、可靠的。

科学知识的可重复性表明科学知识是可被不断检验的。科学知识是经过人类长期的生产实践或社会实践检验的结果，同时又要继续接受实践的检验，并在实践中不断丰富、完善和发展。比如，人们在观察月相以及月食现象的事实基础上，总结出月食发生的规律。如果这个规律能够进一步为事实所验证，我们就可认为它是正确的；否则，就可认定它是错误的，至少是不完全正确的。科学知识需要不断接受检验和验证。人类的科学知识，正是在不断接受检验的过程中丰富和发展起来的。

科学知识的可重复性表明科学知识是从实践中来，又到实践中去的，如此循环往复，不断发展。例如，人们通过在生产生活中对四季变化现象的观察，总结出四季节气变化的规律，又将其应用到实际的生产生活中，并在实际的生产生活中不断检验和丰富关于气候节气变化的知识，为生产生活服务。因此，我们可以把科学知识的可重复性理解为经验性的延伸。即科学知识不仅来源于实践中的经验，而且还需不断地回归实践经验中。

需要说明的是，这里所说的科学知识都是指自然科学的知识。尽管在20世纪90年代，联合国教科文组织已经明确科学的范围包含自然科学和社会科学，但在幼儿园课程中，科学教育仍特指自然科学的教育。

（二）当代观点：科学是科学知识、科学方法和科学态度的结合体

在当代，随着人们对科学本质的探讨，科学也被赋予了更加丰富的内涵。传统的唯知识科学观受到了挑战和批判，人们开始反思科学真的只是冷冰冰的知识吗？答案显然是否定的。人们越来越意识到，将科学狭隘地仅仅理解为知识将错失科学生动而充满人文气息的一面。在当代，科学被认为是有温度的，是科学知识、科学方法和科学态度相互交织的结合体。

1. 科学不仅是知识，还是过程

将科学的内涵仅仅理解成一种知识是片面的。科学不仅是一种知识，更是一种过程，即获取知识的过程。简单地说，科学过程一般包括以下的环节：观察现象、提出问题、做出假设、收集资料检验假设、推理和形成结论。当科学结论形成后，还可以根据这个发现来解释其他的现象或预测尚未发生的现象（见图1-1）。

```
┌─────────────┐
│  观察现象   │◄──────────────┐
└──────┬──────┘               │
       │                      │
       ▼                      │
┌─────────────┐               │
│  提出问题   │               │
└──────┬──────┘               │
       │                      │
       ▼                    解释
┌─────────────┐             预测
│  作出假设   │               │
└──────┬──────┘               │
  收集资料    │               │
       ▼                      │
┌─────────────┐               │
│  检验假设   │               │
└──────┬──────┘               │
   推理       │               │
       ▼                      │
┌─────────────┐               │
│  形成结论   │───────────────┘
└─────────────┘
```

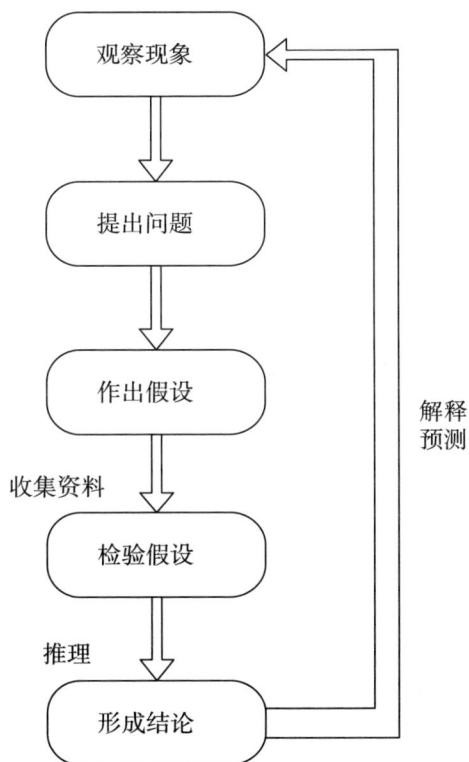

图 1-1　科学过程

在科学活动过程中，人们需要运用科学技能探索周围世界，如观察、分类、测量、预测、推断、表达与交流、界定和控制变量、形成与验证假设、解释数据、实验及建立模型等。由于上述技能是科学过程所必需的，因此，也被称作过程技能。随着科学技术的进步，科学研究的手段也日益更新，科学过程也日益复杂。但是，科学探究的基本过程却是一直存在的。以观察为例，从肉眼的观察，到光学显微镜的应用，再到电子显微镜的应用，工具改进了，观察的结果可能更精确了，但观察作为科学过程中一个不可缺少的方法和环节却是一直存在的。

科学知识和科学过程是密切相关的。首先，科学知识的获得离不开科学过程。科学知识是科学过程的产物，它是人们在认识客观世界过程中的物质成果，是科学劳动的果实。任何科学知识的获得都不是凭空而有、孤立存在的。科学知识的获得需要不断地发现和尝试，需要不断地探究和检验，需要不断地思索和论证。可以说，任何科学知识都不是孤立于科学过程之外而存在的，相反，它是科学过程的产物。其次，科学知识本身也在经历一个发展的过程。正如前面提到的，科学知识不是一成不变的，而是动态和开放的。任何科学知识的来源都不是权威论断，也不是主观臆断，而是事实的证据和合乎逻辑的推理，即科学探索的过程。从科学知识的发展历史来看，科学知识的发展本身就是一个动态的过程。科学知识在历史的长河中是不断发展和变化的，不断接受检验和修正的。因此，科学知识和科学过程就像一枚硬币的两面，是统一而不可分割的，科学知识的获得依赖于科学过程，过程的科学性保证了知识的科学性。如果我们把二者割裂开来，就不能完整地把握科学的内涵。

2. 科学不仅是知识和过程，更是科学态度

科学不仅是知识和过程，也是一种对世界（包括对科学活动和科学知识本身）的基本看法和态度。在长期的科学实践活动中，人们为了追求真理，逐渐形成了一套共同的价值规范，它通过科学活动以及从事科学活动的人体现出来，这就是所谓的科学态度。人们也常常将科学态度上升为一种精神或价值观，称为科学精神或科学价值观。

科学态度的内涵是丰富的。美国学者迪德里希（Diederich）列举了18种科学态度。例如，不要对任何事情都认为理所当然，相信任何问题都是可以解决的，主张用实验来证明各种想法等。在美国科学促进协会（American Association for the Advancement of Science）颁布的"2061计划"中，提出了儿童应该具有的科学态度，可以看作对科学态度内涵的简要概括。

□好奇心。善于提出问题，并且积极地去寻求答案。

□尊重事实证据。思路开阔，积极主动地去考虑不同的、甚至有冲突的证据。

□批判地思考。权衡、观察和对观察到的事实进行评价。

□灵活性。积极主动地接受已经证实的结论和重新考虑自己的认识。

□对变化的世界敏感。有尊重生命和环境的觉悟。

科学不是价值中立的。科学是追求价值的活动，是满足人类探究的好奇心、求知欲的活动。科学是一种态度，它本身就带有了情感和价值观的倾向。任何一项科学活动的开展都离不开背后科学态度的支持。没有好奇心和求知欲，也就没有人类丰富的科学文化。所以说，科学本身就是一种价值观，它反映了人类对周围世界的积极探究的态度。而将科学视为工具，认为科学是价值中立的观点，只看到了科学的物质性，却没有看到科学本体的价值。

科学是一种价值观，还意味着科学的终极价值是造福人类。这一点在当代更具有现实的意义。科技发展带来了高速发展，但同时也带来了一系列的问题：生态环境的恶化、高科技犯罪、核战争的潜在危险等。当备受我们尊崇和信赖的科学对人类的生存和发展形成了严重的威胁，当先进的科技手段被用作摧毁人类的工具，当科学的负面效应日趋明显，难道我们还能无动于衷地认为科学是客观中立的，科学是价值无涉的，科学家是不需承担责任的吗？

科学是一种精神态度和价值追求。美国科学社会学家默顿（Merton）在1942年发表的《科学的规范结构》一文中提出"科学的精神气质"，这是一套有感情情调的约束科学家的价值和规范的综合体。默顿认为科学的精神气质包括普通主义、公有主义、无私利性和有条理的怀疑主义四条主要的规范。默顿所揭示的精神气质指的就是一种科学态度，一种对科学的精神追求，具体体现为科学家的价值观念和良心。科学本身就是一种锲而不舍的精神，就是一种积极求索的价值追求。没有了科学精神的科学是黯淡无光的，没有了科学精神的科学是毫无生机的，没有了科学精神的科学只是物质的工具。真正使科学光芒四射的，不是科学知识，而是科学精神及其所追求的价值！

从传统的科学观到当代的科学观，人们对于科学的看法发生了质的变化。首先，科学的内涵发生了变化。科学被赋予了更多的期望和价值，科学不再是冷冰冰的、没有温度的工具，而是充满了价值和精神追求。当代的科学观全面而深刻地揭示了科学的丰富内涵：科学是人们对客观世界的一种正确认识和知识体系，同时也是人们探索世界、获取知识的过程，还是一种看待世界的方法和态度。

其次，科学的核心在于探究。正如一位学者所说"科学的本质，不在于已经认识的真理，而在于探索真理"。科学过程的核心在于探究，科学态度的核心也在于探究精神。而科学知识，正是科学探究的具体结果（见图1-2）。

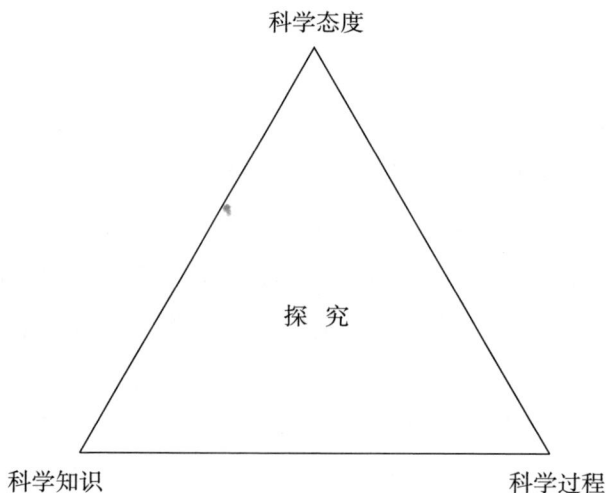

科学态度

探　究

科学知识　　　　　　　　　　　科学过程

图 1-2　科学的内涵

最后，科学是科学知识、科学方法和科学态度的结合体，这三个部分是相互联系、密不可分的。科学知识是科学的基础，它负载着科学的过程和科学态度；科学过程是科学的最主要表现方式，体现了科学知识和态度；科学态度是科学的精髓，是科学知识和过程的内化与升华。缺少了其中的任何一个方面，科学的内涵都是不完善的。

二、科学观的改变对科学教育的启示

科学观是指作为认知主体的人们对于科学的一种意识或认识。科学观会随着认知主体的个人经验和外部世界的变化而发生变化。科学观主要围绕科学是什么和科学的本质进行探讨。随着时代的发展，科学观的构成也越来越丰富，既包括方法的层面，也包括价值的层面等。

教师的科学观对其科学教育行为有重要影响。对幼儿园教师来说，全面理解科学的内涵，树立正确的科学观是非常必要的。如果教师的科学观还停留在传统的观念上，对科学的理解仅仅局限于科学知识的话，那么在教学中很有可能只是强调科学知识。相反，一个全面理解科学内涵，树立正确科学观的教师，则会将幼儿科学知识的获取和他们的科学探究过程结合起来，并且还会在教学中有意识地萌发幼儿的科学态度。以下将以具体的案例说明。

（一）传统科学观与科学教育

传统的科学观将科学看作静态的知识体系，这种科学观本质上是以知识为中心，而不是以人为中心的。此种科学观反映在科学教育实践中，就是以教材、知识为中心，而不是以幼儿为中心。从科学教育目标来看，就是让幼儿知道科学知识和概念。（例如，关于"风是从哪里来的？"这一内容，幼儿在教育活动中似乎记得了，而实际上很快就会忘掉）从科学教育的内容来看，传统的科学观将科学教学内容视为静态的、封闭的知识体系。科学教育内容甚至被狭隘化为教材上的知识要点，僵化的教育内容远离幼儿的生活经验，抹杀了幼儿的好奇心与探究兴趣。从科学教育的教学方式来看，传统的科学观导致填鸭式的知识灌输型教学方式。既然科学就是知识，那么科学教育就是传授知识的活动。幼儿被动地接受所谓的"知识"，而没有主动参与科学的探究和发现的机会。

[案例]

在一次关于"动物是如何过冬的"科学教育活动中，教师让幼儿在活动开展前通过各种方式收集信息，了解小动物是怎样过冬的。在活动开展的过程中，教师通过多种方式引导幼儿讨论、体验小动物过冬的方式，如动作表演、图片展示等。幼儿都十分积极，共同讨论分享了很多动物过冬的方式，如冬眠、迁徙、躲藏、储备粮食等。在活动快要结束时，教师帮助幼儿总结会冬眠的小动物。当说到乌龟是通过冬眠过冬的动物时，一名幼儿站起来说："老师，乌龟不冬眠，我家的乌龟就不冬眠。"这位教师听到幼儿的疑惑后，随手拿起身边的一本百科全书说："那让我们来查一查百科全书吧。"教师很认真地翻着百科全书，将书翻到相应的地方，告诉这名幼儿书上写的是乌龟是通过冬眠过冬的。解答完幼儿的疑问，教师继续与幼儿共同总结。很快，本次教学活动便"圆满"地结束了。

[分析]

在很多教师看来，这名幼儿冒出的疑问显然是将教师原本就要"圆满"结束的教学活动打乱了，一般解决方法就是直接忽视或者告诉幼儿乌龟就是会冬眠的动物。这位教师虽然没有采取直接忽略的策略，而是拿起幼儿带来的百科全书，将书上"权威"的答案告诉幼儿。这样从表面上看既没有忽视幼儿的个别需求，也保证了教学活动正常进行，但是，案例中的幼儿真的能够接受教师的观点吗？这和直接忽视幼儿的疑问，或者直接告诉幼儿乌龟就是通过冬眠过冬的是没有本质区别的。因为这背后所隐藏的科学观都是相同的，那就是"科学就是知识"。不论教师采用的是怎样用糖衣包裹的方式（请其他幼儿告诉有疑问的幼儿、请全班幼儿告诉他、用所谓权威的书中的答案告诉幼儿），教师的最终目的都是相同的，把"乌龟是通过冬眠过冬的"这一知识灌输给幼儿。

反思我们的科学教育活动，教师或许都知道科学教育不是科学知识的灌输，但是落实到实际中还是存在许多问题。首先，传统的科学观在一些教师心中根深蒂固。很多时候，教师虽然知道科学教育不是对科学知识的灌输，而是要调动幼儿的多方面感官，要给幼儿探究、讨论的机会，要让幼儿操作和发现等。但是这些观念只是浮于表面的理论空壳，并没有深入和内化到教师的心中，传统的科学观仍然深深地埋藏在教师内心深处。而教师潜意识里的这种传统科学观会影响其教学行为，会在不知不觉间扼杀幼儿的探究欲望和好奇心。

其次，教师对于传统科学观的转变浮于表面。在实践中，一些教师对科学的全面内涵有所了解，会采用有趣的教学方式，给幼儿探究、发现和交流的机会，使整个教学活动看上去丰富多彩，扣上一个"先进科学观"的大帽子。我们强调科学教育活动不是科学知识的灌输，不仅是指整个教学活动的形式，也包括在教学活动中细节的处理上。在上述案例中，从整个教学活动的开展来看，教师显然注意到整个教学活动的开展，在教学的各个大环节的设置上都不是知识灌输式，但是具体到一个看似小问题的处理上，教师潜意识中的传统科学观便显露了出来。因此，转变传统科学观并不是仅仅指教学方式的变化，而是整个教学行为的实质性变化。如果教师只是在教学的外在形式上有所注重，那么科学教育活动也只是徒有华美的空壳。

实际上，案例中幼儿的疑问是一个很好的探究契机。如果教师的科学观不是传统的唯知识科学观，而是将科学看作知识、方法和态度的结合体，那么教师可能的做法会是请全班幼儿讨论，请提问的幼儿在冬天到来时，将乌龟带到幼儿园中进行观察记录等，而绝不是仅仅告诉幼儿一个公认的、权威的答案，满足于将"正确"的知识告诉幼儿，将科学教育止步于知识的无效传递。

（二）当代科学观与科学教育

当代的科学观不再仅仅将科学看作知识的代名词，而是强调科学知识、科学过程和科学态度并重，这是一种全面的科学观。反映在幼儿园科学教育活动中，就是重视幼儿的主体性，强调探究的过程，注重幼儿的科学素养，关注幼儿的全面发展。从科学教育的目标来看，不仅关注科学知识教育，更加关注科学探究能力和科学态度的培养。从科学教育的内容来看，科学教育的内容丰富而多彩，涉及幼儿生活的方方面面，不再仅仅是记诵枯燥的科学常识，而是感受和探究与幼儿经验相关的各种事物和现象。从科学教育的形式来看，由于科学不再是只学习科学知识，因而，一方面教学活动变得生动活泼，幼儿不再只是知识的被动接受者，有了更多动手操作和讨论的机会。另一方面，科学教育活动不再仅仅限于集体教学活动中，科学区、自然角、科学发现室等，处处都可能充满科学教育的契机。

当教师真正具有了全面的科学观，就会在科学活动中表现出来。如"沉浮"系列活动中，教师不仅为幼儿创设了探究的情境，提出了两个关键的问题：怎样让玻璃弹珠由沉变浮？怎样让矿泉水瓶由浮变沉？幼儿在操作和实验的过程中自然而然地就了解了沉和浮的现象。更为重要的是，教师给了幼儿充分探究和实验的机会，探究的时间和空间等，并为幼儿准备了丰富的探究材料（两个大的玻璃水盆，各种操作的材料）。在教师组织幼儿分享、交流探究的结果时，当有幼儿对探究结果表示异议时，教师并没有采取忽略或告知的方式，而是再次操作验证，用行动向幼儿诠释"以事实为依据"的科学态度。

因此，不论从活动的整体设计来看，还是在活动的实际开展过程中，教师都能够很好地把握科学的内涵，那就是对科学知识、过程和态度三者的并重。幼儿在本次活动中获得的不仅是关于沉浮现象的经验，更重要的是在实验操作中发展了探究的能力，获得了探究的乐趣。教师用自己的教学行为表明，科学不仅是知识，也是探究的过程和科学的态度。

反思我们的实际教学活动，有多少教师能够真正做到激发幼儿的探究兴趣，给幼儿动手操作的机会，渗透科学的态度？很多时候，为了突出科学是过程，教师看似给了幼儿探究的机会，但是这种探究是为了探究而进行的，并不是基于幼儿的兴趣，幼儿在"探究"中是被动的、没有兴趣的。这样的过程只是假借探究之名，不是真正的科学探究的过程。

同样，在激发和培养幼儿的科学态度、科学精神方面也存在一定的问题。培养幼儿的科学态度，不是靠教师说出来的，而是幼儿在实际的操作体验中做出来的，是从教师的行为中体现出来的，是润物细无声的。

由上述案例可见，教师的科学观会深刻地影响科学教育活动的开展。那么教师怎样才能转变传统的科学观，合理地开展科学教育活动呢？

首先，教师要在观念上认识到传统科学观的弊端。传统的科学观片面地强调科学知识，由此带来一系列问题。在教学实践中，有多少幼儿的好奇心被扼杀在萌芽中，有多少幼儿被灌输似懂非懂的科学知识，有多少幼儿因科学活动的无趣而感到厌倦？在教学活动中，教师强调知识的权威性与正确性，幼儿被迫屈服于所谓的科学知识。久而久之，这种观念带来的影响是十分可怕的。幼儿不会质疑教师权威的答案，学会了顺从和记诵。幼儿不会产生独特的想法，学会了从众与接受。当这种思维方式被带到小学、初中、甚至大学中时，创新性将无处可寻。

其次，教师要在教学实践中落实全面科学观。在科学教育的目标上，落实全面科学观应转变满足于幼儿获得科学常识的教学目标，更多地关注幼儿获得的科学探究能力和科学态度。在科学教育的教学内容上，落实全面科学观应转变传统常识性的知识教育内容，更多地关注与幼儿生活经验密切相关的内容。在科学教育的方式上，落实全面科学观应转变传统的、单向的知识传授式的教育方式，更多地实行对话式和建构式的教育方式，给幼儿充分地体验和表达自己想法的机会。一个树立了全面科学观的教师能够有效激发幼儿的好奇心和求知欲，能够根据幼儿的需要给予幼儿充足的探究机会，能够引导幼儿在探究和讨论中获得自己对于知识的理解。

第二节　幼儿的科学学习

一、幼儿的科学经验

（一）经验的内涵

经验，在哲学上指人们在同客观事物直接接触的过程中通过感觉器官获得的关于客观事物的现象和外部联系的认识。辩证唯物主义认为，经验是在社会实践中产生的，是客观事物在人们头脑中的反映，是认识的开端。在日常生活中，经验指对感性经验所进行的概括总结，或指直接接触客观事物的过程。

在这里，我们借鉴美国教育家杜威（Dewey）的理论，将经验界定为主客体相互作用的过程及其反思。众所周知，杜威的整个思想体系就是以"经验"为核心建构起来的。杜威认为经验具有两面性，即经验包含一个主动的因素和一个被动的因素，也就说经验包含着主动的行动尝试和被动的结果承受。杜威认为经验是人与环境之间的相互作用，一方面人主动地作用于环境，另一方面人作用于环境产生的结果又反作用于人，二者之间通过反省思维相互联合。因此，经验既是行动的过程，也是行动过程获得的结果及反省。

总而言之，经验的内涵是丰富的。从动态看，经验是学习的过程，包括了体验和行动的过程，还包括了主体对结果的反省和思考。从静态看，经验是学习的结果，包括了由实践获得的知识、技能和方法，实践产生的情感态度和价值观。

（二）幼儿科学经验的内涵

什么是幼儿的科学经验？幼儿的科学经验是石头缝中小蚂蚁忙碌的身影，是草丛中翩翩起舞的蝴蝶，是花园里一朵含苞待放的花蕾；科学经验是幼儿对玩具无数次的摆弄，是水池边尽情地玩耍嬉戏，是对墙角小蜗牛的悉心照料；科学经验是幼儿在放大镜下闪动的好奇心，是看到岸边柳芽初绽的欣喜，是注视雪花在掌心融化时的专注。

由此可见，幼儿的科学经验包括动态的和静态的两个维度。动态的科学经验是指幼儿和物质材料、环境的相互作用。在这种相互作用中，幼儿不断建构和丰富已有的经验。静态的科学经验是指幼儿在科学探索的过程中，通过亲自操作、凭自身感觉器官获取的关于科学的知识、技能方法和情感态度、价值观等。因而，科学经验既是指幼儿的科学学习过程，即"儿童通过经验来学习"，又是指幼儿的科学学习结果，即"儿童获取科学经验"。后者所指的科学经验是和科学概念属于不同层次的科学知识，是科学概念形成的基础。

幼儿的科学经验既有普遍经验的一般特性，也具有自身独特的方面。幼儿科学经验的独特性一方面在于经验客体范围的不同，是"科学"领域的经验；另一方面在于经验主体的不同，是幼儿的经验，而不是成人的经验。这两个方面共同决定了幼儿科学经验的特点。

从幼儿科学经验的来源看，幼儿的科学经验是幼儿在科学探索过程中通过亲自操作，凭自身感觉器官获得的。具体来讲，从经验来源的动机看，是在幼儿兴趣和需要的驱使下获得的。如果幼儿对某一事物或现象没有兴趣，就不会进一步感知和探究。从经验来源的情境看，是幼儿在科学探索的过程中获得的。一方面科学经验既是指幼儿与环境材料的相互作用，另一方面也指在过程中获得的结果。这两方面都说明经验的来源离不开过程。从经验来源的方式看，是通过幼儿的操作活动获得的；从经验来源的媒介看，是幼儿凭借自身感官获得的。幼儿的各种感官是他们认识世界的窗口，年龄越小，感官在其经验建构中的作用就越大。

从幼儿科学经验的类型来看，按照不同的分类维度有多种不同的经验。依照幼儿科学经验的产生方式来分，既包括幼儿自发获得的经验，也包括在教师引导下获得的经验。幼儿自发获得的科学经验多是零散的，而在教师引导下获得的科学经验则多是有组织性的。依照儿童科学经验本身的性质来分，可分为感官经验和非感官经验。感官经验在幼儿科学经验中占据主导地位，非感官经验则较少。这些感官的经验包括幼儿在生活中的看、听、摸、闻、尝。例如，幼儿知道冰是凉凉的，花是香香的，糖是甜甜的等。

（三）科学经验与幼儿的科学学习

科学经验是幼儿科学教育的起点。科学教育应始于经验，经由经验，最终落到经验上。只有关注幼儿的科学经验，才能满足幼儿的需要，才能提升幼儿的认识，才能促进幼儿的全面发展。幼儿科学经验因其整体性、连续性、操作性的特点，成为幼儿科学学习的核心。

科学经验的整体性是指科学经验整合了幼儿对周围事物和现象的认识、科学探究过程以及对科学的态度。相比于传统的科学知识的提法，科学经验因其全面性而具有更加丰富的内涵。科学经验的连续性表现在能够将幼儿已有的经验与新的经验不断连接，使幼儿的科学经验不断得到生长和丰富。此外，科学经验还具有操作性。科学经验是与具体事物和现象联系在一起的，离开了具体的事物和现象就不能获得这些经验。科学经验的操作性体现在幼儿在与具体事物和现象的互动中，通过操作获得新的经验。例如，幼儿通过操作，就能够获得"铁块摸上去冷冷的、硬硬的，放在水里会沉下去"的经验。

科学经验对幼儿的发展和幼儿园科学教育活动的开展具有不可忽视的价值。幼儿的科学不同于成人的科学，幼儿的科学主要是一种经验层次的科学知识。幼儿通过经验学习，在经验的基础上形成科学概念。由于幼儿的科学经验是最低层次的科学知识，是幼儿认识事物的必由之路，符合幼儿的身心发展规律，因此，科学经验对于幼儿的科学学习来说就显得分外重要。可以从以下两方面来理解。

1. 科学经验适合幼儿的思维发展水平

儿童心理学家皮亚杰（Piaget）通过对儿童认知结构和认知发展阶段的研究，将儿童的认知发展分为四个阶段，分别是感知运动阶段（0—2岁）、前运算阶段（2—7岁）、具体运算阶段（7—11、12岁）和形式运算阶段（11、12—17、18岁）。学前儿童基本处于前运算阶段，皮亚杰认为在这一阶段中的儿童逻辑水平是处于前概念和前关系中的，停留在活动和概念之间，因而不能形成守恒，思维缺乏可逆性、传递性。处于前运算时期的幼儿开始以表象、象征进行思维，因而幼儿的思维具有直觉性、具体性和形象性的特点。

因此，从幼儿思维发展水平的特点来看，科学经验更加适合他们。首先是适合幼儿思维直觉性的特点。科学经验是幼儿在操作中凭借感官获取的，来自感官的各方面刺激给予了幼儿关于事物和现象的最直观的感受。其次是适合幼儿思维具体性的特点。由于幼儿尚处于前运算时期，对事物和现象的抽象认识都是建立在对具体事物进行概括的基础之上，而科学经验本身所具有的具体性、直接性等特点正好与之相吻合。最后是适合幼儿思维的形象性特点。幼儿的科学经验是由一个个生动而具体的事物形象或操作过程等组成的，这些形象的科学经验能够被幼儿接受和理解。总之，科学经验以其独特的特质与幼儿思维发展水平的特点相契合，成为"儿童"的科学经验，为幼儿的思维发展提供能量和动力，进而促进幼儿的思维发展。

2. 科学经验有利于幼儿形成前科学概念

维果茨基（Vygotsky）认为儿童的概念发展由三个时期组成，分别是混合体时期、复合体时期和概念思维时期。学前儿童的概念发展正处于复合体时期，儿童在这一时期所做的概括"已不是在儿童印象中建立的主观联系基础上积集的若干具体的个别物品或事物的组合，而是体现在真正存在于这些物品间的客观联系的基础上连接成的具体物品的复合体"。① 相比于概念思维时期，概念思维时期的基础是同一类型的、在逻辑上批次相同的联系，而复合体时期的基础是多样的实际联系；概念思维时期里事物是根据一个特征概括的，而在复合体时期里却是根据最为多样的实际理由概括事物的。

维果茨基所提出的复合体时期，在幼儿科学概念的发展中对应的就是前科学概念的形成时期。前科学概念是指"幼儿在感知和经验的表象的基础上，对同类事物的外在的、明显的共同特征的概括，是一种概括化的表象"②。前科学概念不是真正的科学概念，而是一种表象水平的概念。但它在本质上是幼儿思维的概括和抽象的过程，因而，前科学概念对幼儿的发展有重要的意义。它为幼儿认识事物和事物之间的相互联系提供支持，帮助幼儿将科学经验转化为概念化的认识结构，从而为幼儿未来学习抽象的、真正意义上的科学概念和原理打下坚实的基础。

可以说，前科学概念对幼儿具有长远的和发展性的意义，而科学经验正是幼儿形成前科学概念不可缺少的助手。首先，科学经验为儿童形成前科学概念提供了内容支持，丰富而具体的科学经验为幼儿提供了大量的概括材料。幼儿获得有关某一科学概念的广泛的经验，不仅为他建构抽象的概念提供了具体的表象支持，还能使得他对概念的理解更加丰富和深刻。其次，科学经验为幼儿形成前科学概念提供了方法支持，幼儿多次感知和认识事物、形成科学经验的过程，也是其形成前科学概念的开端。幼儿正是在科学经验的形成过程中，在对感性经验的多次感知中形成了前科学概念。即使是已经具有复杂抽象思维的成人，如果没有丰富的表象、童年时期科学经验的支持，那么对科学概念的理解终究也只是"概念"本身，并不能真正理解概念。早期的科学经验是理解科学概念的重要基础，为幼儿将来理解抽象的科学知识提供了具体的表象支持，从而成为引导幼儿通向科学世界的桥梁。由此可见，幼儿时期的科学经验是受益终生的宝贵财富。

---

① 维果茨基. 维果茨基教育论著选[M]. 余震球，译. 北京：人民教育出版社，2005：135.
② 张俊. 幼儿园科学教育[M]. 北京：人民教育出版社，2004：66.

二、幼儿学科学的特点

幼儿获取科学经验、进行科学学习是一个十分复杂的过程。幼儿的科学学习不仅指获得科学知识，它还应包括科学方法和技能的获得等。幼儿究竟是如何进行科学学习的？幼儿科学学习有哪些特点？为探究幼儿科学学习的秘密，许多心理学家从不同的研究角度提出了相关的看法。

皮亚杰是最早关注儿童科学认知的心理学家，他提出了认知结构和认知发展阶段的理论。皮亚杰认为儿童的认识来自主体和客体之间的相互作用，儿童认知发展的过程就是主客体不断分离的过程。他关注儿童科学认识发展的自发性，描述了儿童科学认识随着认知发展阶段的演进而改变的过程。人的认识是有结构的，这种结构是逐渐建构起来的，皮亚杰就是从儿童认知结构发展的角度解释了儿童学习科学的特点的。他相信儿童有一个理性的头脑去建构其对科学的理解，儿童通过自身和周围世界的相互作用，自己建构了关于客观世界的科学认识。

苏联心理学家维果茨基则从科学概念形成的角度，对儿童科学概念的发展做了丰富的研究。他对"日常概念"和"科学概念"的形成和二者的关系进行了细致的探究，认为二者的形成过程恰好是相反的，同时在内部也是深刻地相互联系的。一方面，日常概念的发展取决于科学概念，它是通过科学概念向上生长发展的；另一方面，科学概念也要依赖于日常概念的发展，为其进一步向下延伸发展开拓道路。

当代认知心理学对儿童科学学习的基本假设是，儿童具有理解世界的一种强烈的、天生的愿望，即使是特别小的儿童也会组织来自外部的各种信息。儿童在他们自身经验的基础上，形成了对世界的个人理解。当代认知心理学家多持建构主义的知识观，他们认为儿童是一个信息加工者，关注信息加工的过程，关注儿童"能够理解什么"。当代认知心理学关注认知发展的机制，强调对认知过程的精细分析，许多研究已经不局限于行为层面，而是深入脑科学等认知机制上。与皮亚杰的观点不同，当代认知心理学认为儿童和成人在认知结构上是没有差别的，只是在完善程度上存在差别。

幼儿学科学具有自身的特点，幼儿如何获取科学经验是和其科学学习的心理特点密切相关的。幼儿的科学学习和成人的科学学习在思维特点、学习方式、外界条件支持上都具有一些不同之处。例如，从思维特点上看，幼儿的思维处于具体形象水平，而成人则处于抽象水平；从学习方式上来看，幼儿的科学学习是在个人经验基础上的主动建构，而成人则可通过直接经验或间接经验进行学习；从外界条件支持上看，幼儿的科学学习更需要成人（包括教师和家长等）的引导和同伴的支持。

（一）幼儿有自己的科学

幼儿不是一块白板，他们是带着自己的认识和已有的科学经验来到幼儿园的。他们有自己对世界的认识和解释，他们有自己的科学。幼儿有自己的理论，但这些理论与严格意义上的科学理论是不同的，因而被称为朴素理论（naive theory）。朴素理论是指人们对一组信息、事物和现象的日常理解（Wellman & Gelman，1998）。naive 表示天真、幼稚、质朴的，因此，朴素理论也被称为"天真理论"。

幼儿的朴素理论是幼儿根据自己的已有经验和逻辑推理，对世界的独特理解。虽然幼儿的一些理解在成人看来可能是不切实际的，是天方夜谭，甚至令人啼笑皆非。但是仔细推敲，幼儿的朴素理论有时也有合理性。下面是一个四岁幼儿关于天气现象的朴素理论。

问："为什么会有风?"

答："因为月亮上有个电风扇一直在吹呀。"

问："为什么会下雨呢?"

答："因为云彩不高兴，所以哭了。"

一方面，朴素理论具有理论的特征，具有抽象性和内聚性，具有解释和预测功能，具有一套因果解释机制。成人往往低估了幼儿的认知，认为幼儿的认识都是零散的、表面的、肤浅的、直观的。事实上，幼儿对周围的世界是有认识的，他们的认识可能是内聚的、连贯的。幼儿在各个领域中相互联系地使用一系列概念，并能够根据自己的认识来解释、预测周围的各种现象。由于这些认识常常是幼儿自己思考的结果，因而这些认识可能是很难改变的。

另一方面，朴素理论与科学理论是不同的，朴素理论是出于经验的、日常的理解。朴素理论与严格意义上的科学理论存在一定的距离。幼儿的朴素理论是建立在自身生活经验基础上的，并且常常是错误的。此外，幼儿往往不能意识到自己的朴素理论，缺乏与他人的交流。

朴素理论是不断发展的，随着幼儿进入学校、接受大量的科学教育，幼儿的朴素理论会发生变化。在幼儿朴素理论的发展变化过程中，反例起着非常重要的作用。幼儿正是在理论和证据的不断协调中发展和转变朴素理论的。当然，朴素理论并不完全能够转变为科学理论，即使是成年人也保留了一些朴素理论。例如，很多成人认为要让物体运动就要有一个力，物体沉在水底是因为比较重。

因此，我们既要强调幼儿有自己的理论，不低估幼儿的认知；也要意识到幼儿理论的朴素性，不高估幼儿的认识。

首先，教师要充分认识和尝试理解幼儿的朴素理论。幼儿有自己的科学，教师只有真正意识到幼儿的朴素理论，珍视幼儿的朴素理论，才能更好地了解幼儿的已有经验和理解。教师对幼儿已有经验的了解，不是去了解幼儿已经掌握了多少成人的科学理论，而是去了解幼儿的朴素理论，了解真正的幼儿。这是一种对幼儿的尊重，对幼儿科学的尊重。

其次，教师要唤醒和挑战幼儿的朴素理论。幼儿往往对自己的理论缺乏意识，教师可以通过直接对话、讨论等方式，让幼儿认识到自己的理论。这将促进幼儿发展、转变自己的朴素理论。在了解和体验幼儿朴素理论的基础上，教师要充分运用幼儿的朴素理论，向幼儿的朴素理论提出质疑和挑战，通过提供证据、反例的方式促使幼儿反思，促进幼儿朴素理论的发展。

（二）幼儿在个人经验的基础上实现科学概念的建构

幼儿的科学学习是一个主动建构的过程。幼儿是主动建构自己的知识，而不是被动地接受某种现成的知识。很多时候，幼儿似乎知道很多，但这并不代表其真正理解了。即使是从外界得到的信息，也必须经过幼儿主动吸收、建构的过程才能真正被其理解。因此，我们应该关注幼儿学习的主动性，激发幼儿学习的主动性，给幼儿动手操作的机会，让幼儿自己提出问题，获取经验，让幼儿形成自己关于世界的认识。

幼儿个人的经验和体验在他们主动建构科学的过程中发挥着重要的作用。幼儿并不是凭空地建构科学，而是基于他们的生活经验。随着幼儿年龄的增长，他们的经验范围在不断扩大，对事物和现象的认识也在不断深化。例如，幼儿对"什么是有生命的"这一问题的认识，幼儿根据自己的已有经验，认为会动的东西就是有生命的。慢慢地，幼儿发现会动的东西有很多，玩具汽车、小皮球等都会动，但是它们没有生命。因此，幼儿便认为自己会运动的东西是有生命的。然而幼儿看到大树不会到处动，但大树却是有生命的。于是，幼儿又认为会长大的东西是有生命的。幼儿就是这样根据自己的已有经验不断建构和完善自己的"理论"，不断进行科学学习的。没有个人的经验，幼儿是无法主动建构对世界的认识的。因此，如果教师无视幼儿经验的重要性，一味地将科学知识灌输给幼儿，那将注定是没有效果的。

幼儿是带着已有的观念来到幼儿园的，他们对事物有自己的看法。对幼儿来说，解释是从经验中来的，并且有时这种想法是很顽固的，很难改变的。例如，幼儿感受到穿上毛衣会暖和，便认为毛衣自己会发出热量，这是和他们的生活经验相关的。即使成人告诉幼儿毛衣是不会自己发热的，幼儿也不会相信。

只有当幼儿不能够将周围的事物和现象同化时，他们才可能会寻求新的解释，这时就是幼儿观念转变的时刻。当幼儿已有的认识不能解释新的经验时，他们才不得不改变原来的认识，接受和建构新的经验。也就是说，概念转变的过程发生了。例如，幼儿的日常生活经验告诉他，保温瓶可以让热水不变冷。于是他就认为，保温瓶是可以"保热"的，它能够把瓶里的"热"保住。直到有一天，他发现爸爸把冰块放进保温瓶以后，冰块也不会融化。他开始意识到，保温瓶不仅可以"保热"，也可以"保冷"。我们由此可以看到幼儿对于保温瓶的认识是随着他的个人经验在发生变化。不过在这个年龄，他仍不能正确理解"热"是什么，而只是把它看成隐藏在物体中的某个"东西"。直到 10 岁以后，他才有可能真正理解什么是"热"。幼儿科学概念的转变是一个漫长的过程，是幼儿通过主动建构进行科学学习的过程，而幼儿的个人经验在他们的主动建构中扮演着重要的角色。

由于幼儿的科学学习是在个人经验基础上的主动建构，因此，教师一方面应当重视幼儿的直接经验，给幼儿更多、更丰富的科学经验和体验，促进幼儿主动建构科学概念；另一方面，教师也应挑战幼儿的个人经验，帮助其实现概念转变。

（三）幼儿对科学的理解受制于思维发展的水平

幼儿的思维特点是具体形象思维占主导。受幼儿自身思维发展水平的影响，幼儿的科学学习也局限于具体形象水平。在幼儿阶段，幼儿还很难掌握抽象的科学概念，或进行抽象的逻辑推理，因此，幼儿阶段的科学学习更多的是和具体形象的事物联系在一起。

抽象的科学概念和科学原理对幼儿来说是难以理解的。如果教师一味地向幼儿讲解抽象的科学知识，即使幼儿当时记住了，但隔一段时间便会忘记。例如，一位教师为了让幼儿知道"风从哪里来"，在科学教育活动中，让幼儿尝试探究，并用气球里的空气演示给幼儿看。最后，教师总结"风是空气流动形成的"，便以为幼儿都接受和理解了。可是第二天，当教师再询问幼儿"风是从哪儿来的"时，幼儿依旧说风是风婆婆吹来的。"风是空气流动形成的"这一科学原理对幼儿来说是难以理解的，即使教师在教学活动中采用了实物演示、探究体验等看似具体而形象的方式来帮助幼儿理解，但由于幼儿的抽象思维水平尚未达到理解的程度，幼儿对这一概念或原理的接受也只是暂时的。

幼儿学习科学不是在抽象水平上的概括和推理，而是具体形象水平上的观察和探究。幼儿通过观察具体的事物来认识事物的特征，通过探究具体的问题来发现事物之间的联系。这些对具体事物的观察和对具体问题的探究，可以为幼儿积累丰富的科学经验，并为将来在抽象水平上的科学学习提供支持。例如，在中班"油和水"的科学教育活动中，教师引导幼儿猜测和验证油和水混合在一起会怎样。如果直接问我们成人油和水混合在一起会怎样，我们可能会给出一个百分百正确的答案，那就是油和水会分开。这是基于我们对物质特性的抽象理解而得出的解释。但是对幼儿来说，他们不需要知道油和水各自抽象的物理特性，更不需要了解二者不能混合背后的原因。幼儿通过实验操作，用搅拌、晃动瓶子等方法尝试将水和油混合，再观察油和水混合以后的现象。通过实验，幼儿发现油和水是会先混合，再慢慢地分层的，在水油分离的过程中还会有很多的小泡泡产生。幼儿在这个具体而形象的过程中认识到物质的特征和属性，这就是幼儿的科学学习过程。幼儿用自己的方式进行描述、记录、交流及讨论，寻找问题的答案。由此可见，幼儿的科学学习不是抽象的、概念化的，而是丰富生动的、具体形象的。对于幼儿来说，这种直接建立在他们观察经验和具体的操作实验基础上的科学学习就是他们对科学最为丰富和饱满的理解。

因此，教师应当清楚幼儿的思维发展水平，接纳幼儿的思考与理解，让幼儿在具体形象的过程中建构自己对科学的理解，而不是一味地向幼儿灌输超越其理解范围的抽象的概念。

（四）幼儿的科学学习需要他人的支持

幼儿不是处于真空中的，而是处在一个具有丰富刺激和挑战的环境中，并无时无刻不再受到周围环境中各种刺激的影响。虽然幼儿的科学学习是在个人经验基础上的主动建构，但是不可否认他人的支持是必不可少的。幼儿科学知识的获得，在本质上是一个概念转变的过程，即从错误概念向科学概念的转变过程。同时，幼儿科学技能的掌握，也要受其认知发展水平的制约。在幼儿阶段，他们的逻辑思维能力还没有发展完善，这也给他们的科学推理造成局限。因此，他人的支持是弥补幼儿自身不足，促进幼儿科学学习的重要因素。成人对幼儿科学学习的支持一方面体现在促进其概念的转变，另一方面体现在对幼儿科学技能掌握的引导。

首先，成人的支持有利于幼儿科学概念的转变。幼儿由于自身经验和认知发展的局限，对一些事物和现象形成了错误的但却十分顽固的认识。这些错误的概念对幼儿后续的科学学习是不利的。如果没有教育的干预，幼儿时期的一些错误科学概念，会一直保持到成年。例如，关于沉浮的原因，很多成人（包括一些幼儿园教师）和幼儿的解释是相同的，认为是物体的轻重决定了它在水中的沉浮。正如维果茨基提出的"最近发展区"概念，在早期的科学教育中，教师如果能较好地把握幼儿的最近发展区，为幼儿的科学学习搭起一个支架，把幼儿置于认知冲突情境中，使他们原有的错误概念受到挑战，就能有效地促使幼儿主动思考、反思乃至改变自己的已有观念，从而促进幼儿的概念转变。

其次，成人的引导促进幼儿科学技能的掌握。幼儿自发的探究是一种个人的、随意的探究。对于幼儿来说，幼儿在自发的探究中很难独自形成全面的探究技能，如如何进行实验操作、如何寻找证据、如何论证和推论等。成人不但能够引导幼儿掌握这些科学探究技能，而且能够为幼儿发展和运用科学技能创造有利的情境。例如，在教师精心设计和结构化的科学探究活动中，幼儿能够在教师的引导下提出问题，然后有意识地去寻找证据、解决问题，这在幼儿自发的探索活动中是不可能出现的。

除了成人的支持，同伴的支持同样是不可缺失的。不同的幼儿具有不同的经验、不同的观点、不同的思考。在与同伴交流的过程中，幼儿可能受到别人的启发，也可能遭遇别人的挑战。但是这些都可以变成幼儿的思维材料，帮助他们建构对事物的理解。当幼儿处在一个学习共同体中，与同伴进行语言交流、思维碰撞，共同感知观察、探究问题、寻找答案，也是幼儿科学学习的过程。

第三节　幼儿园科学教育的价值

或许在很多人看来，科学对幼儿来说是高不可攀的，幼儿阶段的科学教育对幼儿来说是如雾里看花、水中望月一般不真切。的确，让幼儿理解抽象的科学概念，或是掌握复杂的科学技能是不现实的，更是没有必要的。但这并不代表幼儿不能学科学，并不代表幼儿园的科学教育没有价值。相反，幼儿就是科学家，他们有着天生的好奇心、探究欲望，他们用自己的感官和身体一刻也不停地探索着世界的奥秘。幼儿园科学教育不仅是必要的，而且具有多方面的价值。可以说，早期的科学学习为幼儿一生的全面发展奠定了基础。科学教育的价值具体体现在以下几个方面。

一、科学教育有助于满足幼儿天生的好奇心

幼儿是天生的科学家、探索者，他们对世界充满了好奇。好奇是幼儿的天性，好奇心会随着幼儿年龄的增长而发生变化，不同年龄阶段幼儿的好奇心表现也是不同的。小婴儿把他们感到好奇的东西放到嘴巴里品尝，学步儿乐此不疲地把一个瓶子反复放到地面上滚动，两三岁的孩子不停地向父母提出各种千奇百怪的问题：为什么树叶是绿绿的？为什么星星会眨眼睛？为什么那儿会有一只小猫？幼儿面对新鲜的事物便要摆弄摆弄、探个究竟……

好奇心对于幼儿的发展具有十分重要的意义。好奇心是幼儿学习科学的原动力，能激发幼儿学习科学的兴趣，带领幼儿走进科学的世界。然而，很多时候幼儿的好奇心并不能得到满足和发展，甚至随着年龄的增长而渐渐磨灭了。这是因为，一方面对于幼儿千奇百怪的问题，成人无所回答；另一方面，面对幼儿萌发的好奇心，成人没有及时地加以关注和引导。

科学教育活动作为一种有组织、有目的的活动，能够在一定程度上满足、发展幼儿天生的好奇心。首先，通过科学教育活动，幼儿对周围事物和现象的好奇与不解可以得到一定的解释和满足。其次，幼儿园中丰富的环境和教师的鼓励与支持能够激发和保护幼儿的好奇心。此外，教师还能够根据幼儿的表现，对幼儿感到好奇的事物和现象加以关注和引导，开展相应的科学教育活动。对于幼儿提出的有价值的、可以探索的问题，教师还会组织幼儿一起来探究。例如，幼儿对小蝌蚪如何变成青蛙感到十分好奇，教师便在自然

角放置小蝌蚪，引导幼儿进行观察和记录。

二、科学教育有助于幼儿建构科学概念

幼儿进入幼儿园前并不是一无所知，相反，他们在开始幼儿园生活时就有了丰富的关于世界的知识、推理的能力、对事物原因和影响的理解，以及思考观点和参与学习的渴望。例如，幼儿已经具有了朴素物理学、朴素生物学和朴素化学等各个领域的相关知识。幼儿对各个领域科学的理解具有局限性，并且这种理解是建立在他们的感知觉经验之上的。虽然幼儿具有学习科学的潜能，但是他们并不能自发地产生对科学概念的理解，这就需要有目的、有计划的科学教育。

诚然，抽象的科学概念是不能被幼儿所理解和接受的，幼儿对于科学概念的掌握是一个漫长的过程。甚至在整个幼儿阶段，他们也不可能真正理解那些抽象的科学概念。幼儿科学教育不可能直接把科学概念教给幼儿，但是却能为幼儿建构自己的科学概念提供有力的帮助。

例如，在科学教育活动"观察蚂蚁"中，教师引导幼儿仔细观察蚂蚁的特征，并用语言描述观察的结果，与同伴分享交流观察的结果。活动的设计并不是为了蚂蚁这个概念而教幼儿观察蚂蚁，这个活动背后蕴含着的是有关"生命"的概念。"生命"这个科学概念在幼儿阶段是借由具体形象来展现的。例如，蚂蚁有小角角，这是身体的结构的具体化；蚂蚁是怎么死的，这是生命过程的展现。正是这些具体的形象帮助幼儿不断建构科学概念。

因此，科学教育能够在科学概念和幼儿的已有经验之间建立起桥梁，能够为幼儿提供与同伴分享个人经验和想法的机会。这种分享是多方面的，既包括语言上的交流和分享，也包括共同活动中的经验的分享。对于每一个幼儿来说，新的经验能够拓宽他的思路，重新审视自己的想法，乃至对事物形成新的理解。此外，幼儿对概念的学习是有阶段的，各个年龄阶段是不同的。教师应针对不同年龄阶段幼儿的发展水平，设计不同的科学教育活动，为幼儿建构自己的科学概念提供有力的帮助。

三、科学教育有助于幼儿学习科学探究的技能

科学的核心在于探究，因而科学教育对于幼儿探究技能的培养十分注重。探究技能包括提出疑问、观察、描述、收集证据和得出结论等。科学探究技能不仅是幼儿学习科学的必备技能，也是幼儿探求其他知识、理解周围世界所必需的。它的意义也不仅仅在于幼儿阶段，而是会影响到幼儿的终身学习。幼儿园中的科学教育是一种引导幼儿亲历科学探究的过程，建构自己的科学知识的活动。

（一）幼儿能够在科学教育活动中获得基本的探究技能

在教师的指导下，幼儿学会提出问题，然后通过实验、操作等动手做的方式进行科学探究，记录、表达和交流他们的探究活动，最终获得科学的发现。例如，幼儿对于"小兔子喜欢吃什么"的问题非常感兴趣，教师便引导他们讨论"怎样才能知道答案呢？"幼儿根据教师的引导提出了各种各样的假设，并且通过实际观察加以验证，终于了解了这只小兔子对食物的喜好。在这个过程中，幼儿自然而然地学到了一些科学探究的基本技能。

（二）幼儿园中的科学教育能够为幼儿提供丰富的活动和探究材料，创设体验、操作和交流的环境

探究技能不仅包括动手操作，还应包括论证和推论。而对证据的整理、解释和推论等探究过程更多依赖的不是个人，而是集体，是需要在集体的讨论中才能形成的。科学教育就为此提供了一个很好的平台，使幼儿能够在与同伴的交流中，在思维的碰撞中寻找答案。在这个过程中，幼儿不仅获得了一些信息或问题的答案，更重要的是学会了一种科学的思维方式，即通过寻求事实证据的方法来获取科学的知识。

四、科学教育有助于幼儿的全面和谐发展

科学教育是幼儿全面发展教育的组成部分，是通过"科学"这一内容对幼儿进行全面发展教育的活动。科学教育能够促进幼儿的全面发展既表现在能够促进幼儿科学各方面的发展，又表现在能够使幼儿的各个方面都获得全面和谐的发展，而不仅仅局限于科学的方面。

（一）科学教育能够促进幼儿个性的全面和谐发展，形成良好的个性品质

科学教育给幼儿以直接接触和探究客观世界的机会，不仅满足了他们的好奇心和动手操作的欲望，让幼儿有机会通过亲身经历的探究活动自己获取知识，还使幼儿在与物质材料和环境的互动中，在与教师和同伴的交流中，在操作和探究中获得发展个性品质的机会，从而使他们的主动性、积极性、独立性、创造性、自信心等良好个性品质得以发展。良好的个性品质对幼儿的发展具有重要的意义。

例如，大班幼儿在尝试"怎样使物体移动"的活动中，他们想出了各种各样的方法，如用手推、用脚踢、用嘴吹、用磁铁吸……就连平时大家都觉得他"笨"的幼儿也想出了一个与众不同的方法——用水冲。教师对该幼儿的这个想法予以表扬，并且当场演示，结果真的成功了。大家都很开心，这位幼儿更加开心了。对这位平时表现不积极的幼儿来说，这次成功的经验是非常重要的，因为他从中体会到了创造的喜悦。后来这位幼儿在科学活动中一直比较积极主动。由此可见，对幼儿来说，成功的体验是非常重要的。他成功的学习体验还能迁移到其他方面，并有助于其形成积极的自我概念，增强自信心。

（二）科学教育能够为幼儿后续的科学学习和其他学科的学习提供基础

幼儿在科学教育中获得的知识、探究能力和科学态度是幼儿受益一生的

宝贵财富。一方面，早期的科学经验为其将来理解抽象的科学知识提供了具体的表象支持，从而成为引导幼儿通向科学世界的桥梁。这些早期的经验是幼儿日后抽象复杂概念学习的基础。例如，一位老教育工作者这样回忆自己的童年经历，"我小时候生活在农村，经常接触各种田间作物，尽管不知道什么'单子叶植物'和'双子叶植物'，但它们的形象都印刻在脑中了。后来到大学里学习生物，老师讲到'单子叶植物'和'双子叶植物'的概念，那些生活在城里的同学觉得非常抽象，而我马上就联想到儿时的经历，就觉得很容易理解"。这个事例正说明了童年时期的科学经验对于后续科学学习的重要性。

另一方面，幼儿科学教育能够促进其他学科的学习。在科学教育中获得的科学知识、科学探究技能和科学态度对其他学科的学习同样重要。例如，幼儿在科学活动中学习了探究的技能，在与同伴的互动交流时，能够在各个观点、证据之间建立有逻辑的联系，进行推论等。随着幼儿年龄的增长和学习的深入，这些技能在其他学科的学习中也变得越来越重要。

五、科学教育会给幼儿的一生带来深刻的影响

（一）科学教育有助于提升生活质量

科学教育是维持和提高生活质量的关键因素。当今社会，科技的飞速发展带来了社会变化的日新月异。科学已经和我们的生活发生了千丝万缕的联系，从医学健康到食品安全，从卫星导航到气象预测，从电子产品的更新换代到计算机技术的飞速发展，我们生活在一个被科学包围的环境中。一个了解科学知识的人才能在科技社会中学会生存；一个掌握了基本科学探究技能的人才能适应现代社会的生活方式；一个具有科学态度的人才能在纷乱中明辨是非，保持清醒。

科学教育是幼儿一生科学学习的基础，深刻地影响着幼儿未来的生活。首先，良好的科学教育能够培养幼儿的科学素养，而良好的科学素养有助于

改善生活，提升生活质量。总体而言，科学素养就是对科学本质、科学术语、科学研究过程等的了解。科学素养既是个人发展的内在需要，也是社会对公民的需要。良好的科学素养使人紧跟时代发展的潮流，不断提升生活质量。幼儿科学教育也承载着"科学素养"的要求，能够为幼儿科学素养的发展打下坚实的基础，从而促使其日后生活质量的提升。

其次，幼儿阶段良好的科学教育能够启蒙幼儿的科学意识，激发幼儿的探究热情，塑造幼儿的科学精神。对一些幼儿来说，科学可能会是他们毕生的职业或业余爱好。童年时期良好的科学教育可以引导幼儿走上科学探索的道路。当这些幼儿长大成人，从事科学方面的研究时，他们所从事的工作一方面满足了其对理想的追求，提升了个人的生活质量；另一方面也必然为整个社会成员生活质量的提高做出相应的贡献。

（二）科学教育有助于发现幼儿的科学潜能

科学教育能够发现具有科学潜能的幼儿并为其早期发展创造良好的条件。正如幼儿当中客观存在一定比例的艺术天才一样，我们不能否认有一部分幼儿确实具有科学方面的潜能，他们在很小的时候便表现出与众不同的对科学的兴趣和探索的迹象。具有科学潜能的幼儿常常会表现出一些不同寻常的行为。

□对别人不太感兴趣或兴趣一般的事物，表现出异乎寻常的探索兴趣。例如，有的幼儿特别喜欢观察小虫子，像蚂蚁、西瓜虫之类的动物，可以一个人十分专注地观察很长时间。

□对周围事物表现出敏锐的洞察能力，能发现一般人不能发现的事实或现象。例如，有的幼儿在热胀冷缩的实验中发现，温度计放在热水中，液柱并不是马上上升，而是先下降然后才上升。

□思维方式与众不同，能跳出常规的思维模式，常常想到别人想不到的问题。例如，爱迪生小时候就曾思考"我为什么不能像小鸟一样飞上天？为什么不能像母鸡一样孵出小鸡？"这些想法实属超常规的创造性思维，正是科学天才的表现。

□特别喜欢动手尝试，但也经常会造成破坏。例如，有的幼儿为了找到收音机里"说话的人"，为了探究小闹钟闹铃的秘密，为了知道小汽车开动的原因，就把这些物件拆开来探个究竟。

上述所列的幼儿行为很有可能就是幼儿科学潜能的展现。教师在教育中如能及时发现这些幼儿的超常规行为，并且能加以正确引导，就能够使他们在这方面的潜能得以充分的表露并进一步发展。如果我们能够鼓励那些观察细致的幼儿，支持那些执着探究的幼儿，接受那些"胡思乱想"的念头，容忍那些"捣蛋破坏"的行为，就像爱迪生的母亲那样，为具有科学潜能的幼儿提供一个相对宽松的成长环境，那么早期的科学教育完全能够成为科学家的摇篮。

虽然幼儿科学教育的目的不是让幼儿都成为小科学家，但是对于具有科学潜能的幼儿来说，适宜的早期启蒙将为他们未来的成功打下良好的基础。对这类幼儿进行适当的、个性化的早期科学教育不但能够满足这部分幼儿的发展需要，还能够促使他们充分发展科学潜能，走向科学探索的殿堂，为其一生的发展打下重要的基础，从而给幼儿的一生带来深刻的影响。

第二章

幼儿园科学教育的目标与原则

上一章有关科学观的探讨已经揭示，科学具有三个方面的内涵——科学态度、科学方法和科学知识。幼儿园的科学教育目标也包括这三个方面。本章将对幼儿园科学教育的三方面目标进行具体分析，同时还将提出幼儿园科学教育的基本原则。

第一节　幼儿园科学教育的目标

一、幼儿园科学教育的目标概述

幼儿园科学教育是幼儿全面发展教育的一个重要组成部分。早期的科学教育对幼儿的全面发展具有重要的意义，能够满足幼儿的好奇心，帮助幼儿获得探究技能和科学知识，从而促进幼儿的全面发展。幼儿园教育是一种有目的、有计划、有组织的教育活动，肩负着促进幼儿全面发展的重任。教育目标是对教育活动所能达到结果的一种期望。幼儿园科学教育目标是对科学教育活动所能达到结果的一种期望，它是根据幼儿园教育总目标、结合科学教育的特点而制定的，是幼儿园教育总目标在科学教育中的具体体现。

随着人们科学观的转变，科学的内涵也在不断丰富和发展。科学不再被看成冷冰冰的知识，它同时也是人们探索世界、获取知识的过程，还是一种看待世界的方法和态度。完整意义的科学包括三个方面的内涵，即作为科学探究结果的科学知识，贯穿科学探究过程的科学方法（国外有人将其称为过程技能）和以科学探究态度为核心的科学精神。科学的三个方面内涵要求科学教育的目标不仅要指向知识，还要指向科学方法和科学态度。

幼儿科学教育目标应该体现当代全面的科学观。对于幼儿来说，早期科学教育不仅仅是知识经验的积累，还有科学方法的培养，以及科学态度的启蒙。知识经验的积累为幼儿学习科学提供了基本的支持，科学方法的培养关注幼儿科学探究的过程，科学态度的启蒙能够培养幼儿的科学素养。早期科学教育从这三个方面为幼儿的全面发展奠定了基础。

因此，基于对幼儿科学教育的价值和当代全面科学观的内涵的把握，为满足幼儿全面发展的需要，发挥科学教育的综合价值，我们将幼儿园科学教育的目标归结为科学态度、科学方法和科学知识三个方面。

（一）科学态度

作为目标分类维度之一的情感态度，是一个宽泛的概念。它指的是和认知过程相区别的、同人的特定需要相联系的、具有一定内在体验和外在表现的感性反应。人的情感态度反应具有不同的程度。最初的表现是对某一事物的不稳定的注意倾向。随着情感的深入，会逐步发展成一种比较稳定的态度，最终则可能形成一种非常稳定的内在的价值倾向和个性特征。

在科学教育中强调科学态度方面的目标具有重要的意义。一方面科学态度目标体现了对科学内涵的完整把握。科学不是冷冰冰的知识体系，而是体现了人类对未知世界的渴望和不懈追求的科学精神。另一方面，科学态度目标是促进幼儿全面发展、培养良好个性的保证。幼儿科学教育的目标不仅在于促进幼儿对科学知识的掌握，更重要的是培养幼儿的科学素养，促进幼儿素质的全面提升。科学态度方面的目标正是达成这一目的的重要保证。

培养幼儿对科学、对自然界的积极情感和态度，将影响其一生。在教育实践中，教师既要保护和发展幼儿的好奇心、求知欲，鼓励幼儿的探究行为，培养幼儿的自主探究兴趣，也要注重培养幼儿热爱自然、尊重生命的情感态度，引导幼儿关注科学技术及其对社会的作用，形成正确的科技价值观。

（二）科学方法

科学方法方面的目标要求幼儿具有初步的探究能力。这是因为科学的核心在于探究。幼儿由于自身认知发展水平的限制，不能像成人那样通过严密的观察和实验进行科学研究，解决科学问题，但是这并不是说幼儿不具备探究的能力，并不是说不能对幼儿进行科学方法的启蒙。

幼儿从很小的时候就已经开始了对周围世界的探究，这是他们理解周围世界的基础。他们会通过观察获取周围世界的信息，会通过操作、摆弄和尝试来理解周围事物之间的联系和关系，这些都是最早的科学方法。随着年龄的增长，幼儿开始逐渐意识到证据对于其形成结论的意义，会寻找证据证明自己的想法，表现出科学思维的萌芽。而教师在教育实践中引导幼儿体验探究过程，帮助幼儿掌握初步的探究能力，是其发展的重要条件。

在幼儿科学教育中，探究方法或技能常常被比喻成"点金术"，以说明它的重要性。的确，科学探究方法或技能的掌握比起单纯获得科学知识更有意义。这是因为，教师所能给予幼儿的科学知识是有限的，但如果给予幼儿获取知识的方法或技能，那么幼儿则逐渐能够在没有教师的帮助下自行获取更多的知识。从长远来看，教是为了不教，也就是说教育要使幼儿在将来脱离学校教育以后，仍能独立地向前迈进。幼儿只有掌握了必备的科学探究技能时，才能真正成为自主、自动的学习者。

（三）科学知识

科学知识也是科学教育目标的重要方面。离开了科学知识，科学方法和态度也就没有意义了。幼儿园科学教育不是不要科学知识，重要的是要什么样的科学知识，以及如何获得这些科学知识。

幼儿早期的科学知识，可以帮助其理解周围世界，是其一生知识的重要基础。例如，很小的婴儿就已经建立起他们朴素的物理学，他们能够预测物体运动的方向和速度，并做出适当的反应。这些早期的知识，不仅保护了儿童的生命安全，同时也是儿童对世界最初的理解，这些知识最终被整合到他们的知识体系中。

幼儿在探究中能够认识的事物和现象包括动植物、物质和材料、天气和季节、科技与环境等。这些事物和现象是幼儿科学探究的载体，不同年龄的幼儿对同一事物和现象的认识程度是不同的。总体来说，从小班到大班，幼儿对周围事物和现象的认识遵循由近及远、由表及里、由浅及深的原则。

需要指出的是，虽然上述三个方面的目标是各不相同、各有侧重的，但是这三个方面是不可分割、相互依赖的整体。科学知识和经验是幼儿学科学的基础，科学方法是幼儿通过自主探究获取科学经验的必备手段，科学态度是幼儿具有科学素养，获得全面发展的重要保证。这三个方面是相互促进、缺一不可的。每一个方面都对幼儿的科学学习起到重要的作用，因此，三个方面同等重要，没有谁更重要的问题。

二、幼儿园科学教育目标的具体分析

2012 年 9 月，教育部颁布了《3—6 岁儿童学习与发展指南》（以下简称《指南》），其中具体规定了幼儿科学学习的三个方面的目标，分别是：

□亲近自然，喜欢探究

□具有初步的探究能力

□在探究中认识周围事物和现象

可以看出，《指南》中提出的三条目标从上到下分别对应了科学态度、科学方法及科学知识方面的目标，下面将分别进行具体分析。

（一）科学态度方面的目标

1. 总体分析

《指南》中提出的科学态度方面的目标是"亲近自然，喜欢探究"。可以从以下两方面来理解。

（1）培养幼儿亲近自然的积极情感和态度

自然是科学的研究对象，也是人类赖以生存的环境。当今，人们越来越认识到人与自然和谐相处的重要意义。只有热爱自然、亲近自然，才能尊重自然，与自然和谐相处。在世界环境污染问题日益严重，自然灾害频发的今天，培养幼儿亲近自然的积极情感和态度显得尤为重要。

培养幼儿亲近自然的积极情感态度的核心是建立人与自然的和谐关系，重点是培养幼儿对周围自然界的兴趣、审美情趣以及热爱自然的情感和爱护环境的行为。然而，曾几何时，我们已让幼儿远离了自然。没有了田野里欢腾的奔跑，没有了与泥巴亲密的接触，没有了与自然的直接对话。幼儿从小便被禁锢在钢筋水泥制造的场地中，被人为地剥夺了亲近自然的权利和机会。

每一个幼儿都是自然的恩赐，都应亲近自然，与自然亲密相处。科学教育不仅把自然看作认识的对象，还把它看成道德的对象和审美的对象。亲近自然是俯下身来，细嗅花香；是轻轻走过，不忍惊动觅食的鸟儿；是以最虔诚的态度尊重每一个生命。因此，培养幼儿亲近自然的积极情感和态度就是让幼儿形成对自然界的探究兴趣，从人类最基本的同情心出发萌发幼儿对于自然的责任感，引导幼儿关爱生命、尊重自然，发现自然界的美，学会欣赏自然。只有这样，幼儿亲近自然才能具有完整的意义。

（2）培养幼儿喜欢探究的积极情感和态度

喜欢探究是指幼儿对周围事物和现象具有好奇心和兴趣，并乐意通过提问、动手操作等方式进行探究。幼儿对新奇的、陌生的或者不理解的事物和现象都会表现出一种特别的注意和趋向，或亲自探究，或向成人提问。喜欢探究是幼儿认识周围事物和现象的动力，是掌握探究技能的前提。热爱探究的科学态度在任何领域都十分重要。正是热爱探究的科学态度推动了人类文明的进步，开拓了人类的视野。

为培养幼儿热爱探究的积极情感和态度，教师应引导幼儿亲近自然，在探索自然的过程中激发幼儿的好奇心与探究欲。对幼儿来说，大自然就像神奇的宝库，具有丰富的事物和神秘莫测的现象。这些事物和现象足以引发幼儿的好奇心和探究欲。例如，幼儿在"找春天"的活动中发现了蚯蚓，他们对"蚯蚓吃什么""为什么蚯蚓没有脚"等问题感兴趣，教师便可根据幼儿的疑问与他们共同寻找答案。

此外，成人的支持和鼓励也是培养幼儿喜欢探究的重要因素。如果成人无视幼儿的好奇心和提问，抑制幼儿表现出来的探究行为，那么久而久之，幼儿的好奇心和探究欲将会被磨灭。相反，如果成人能够理解幼儿的好奇心和探究欲，并且加以鼓励和引导，鼓励幼儿坚持探究，并在自己的探究活动中寻找问题的答案，就能保护和发展他们的求知欲。

2. 幼儿科学态度发展的年龄特点及教育要求

好奇、好问、好探究是幼儿科学态度最重要的表现。不同年龄的幼儿，由于思维和探究能力发展的水平不同，其科学态度的具体表现也呈现出明显的年龄特点。

（1）3—4 岁幼儿

这一阶段幼儿科学探究的特点是"随机式探究"，也就是说，他们并没有明确的问题意识，更不会在问题的驱使下进行探究活动，而只是在随意摆弄物体的过程中获得一些随机性的发现。

这一阶段的典型表现是问题非常多，但这些问题并不是真正的问题，不具有科学探究的意义。据研究，3 岁是幼儿提问的高峰，甚至一些对成人来说习以为常的事情，也会引起幼儿的好奇和疑问。例如，幼儿会问"人为什么要吃饭""人为什么要睡觉"等问题。他们会提出各种各样的"为什么"，然而他们提出这些问题也许只是为了引起成人的关注，而不是真正想要知道答案。事实上，他们对自己所提出的问题都能给出回答。例如，某幼儿问爸爸"星星为什么会眨眼睛呢？"爸爸反问他："你觉得是为什么呢？"他马上回答说"是月亮让它眨眼睛的。如果它不眨,月亮就会不高兴!"显然,幼儿还不能分清主观的想象和客观的事实,不能认识事物之间的客观联系,常常用主观的想象代替客观的事实。

这一阶段幼儿的另一典型表现就是喜欢摆弄物体,并且在摆弄的过程中得到满足。例如,他们拿到一个不倒翁的玩具,会乐此不疲地反复摆弄并观察不倒翁的运动,从中得到满足。即使他们有可能会提出"不倒翁怎么不会倒"的疑问,但也并不在意这个问题的答案,而是更关注"不倒翁怎么也不会倒"的有趣现象。

对这一阶段的幼儿来说,提出问题本身就是满足其好奇的手段。幼儿提出的问题,绝大部分都是来自他们的生活经验,因此大多和科学有关。虽然此年龄段幼儿提出的问题多是随机的,不具备真正的求知意义和探究价值,但是这些问题可以引导幼儿个人的思考和想象,所以教师应该鼓励、关注、回应、欣赏他们的提问。当幼儿提出各种各样的问题时,成人不应无视,也不必"当真"。与其绞尽脑汁想办法回答这些问题,还不如反问他们自己的想法如何。成人的关注会让幼儿觉得自己的思考得到了承认和鼓励,这将激发他们更多的思考。

对于幼儿的摆弄行为,成人也应给予充分的满足。在这个阶段,幼儿所需要的只是摆弄物体的机会,而不是其他。成人如果硬要幼儿在摆弄中提出问题或解决问题,则反而会画蛇添足,弄巧成拙。成人适宜的问题可以是"你发现了什么?"让幼儿介绍他们在摆弄过程中的发现,或者和幼儿一起玩,并分享摆弄物体的经验和乐趣。

(2)4—5岁幼儿

这一阶段幼儿科学探究的特点是"开始寻找问题的答案",也就是说,他们开始有了一定的问题意识,并会努力地寻找问题的答案。但由于他们的认识水平有限,还只能发现事物的表面联系,对于很多问题,幼儿尚没有办法找到答案。

这一阶段的典型表现是问题在数量上比上一阶段少,但这些问题更聚焦于他们所不理解的事物和现象,或者说,这些问题开始真正具有问题的性质。

他们会围绕问题动手动脑寻找答案，并能从寻找答案的过程中得到满足。例如，幼儿对磁铁很感兴趣，他们发现磁铁可以吸住很多东西，于是就想知道，磁铁可以吸住哪些东西。在这个问题的驱使下，他们在不同的物体上进行试验，并获得很多发现。显然，他们的发现也仅限于"磁铁可以吸住什么"的问题，而对于更深层次的问题，如"磁铁为什么能吸铁""为什么有的'铁'（其他金属）却不能吸"等则无法理解，也探究不出答案。

对于这一阶段的幼儿来说，需要通过探究的过程才能使其好奇心得到满足。对于幼儿的问题，成人更重要的不是给他们答案，而是和他们一起探索，在共同探究的过程中启发幼儿进一步的思考，甚至提出新的问题，从而维持幼儿的探究兴趣。相反，如果成人认为只要给幼儿一个答案就可以万事大吉的话，其结果反而适得其反。幼儿未必能理解成人给予的解释，而他们心中的好奇和探究的欲望也未能得到充分满足。例如，某中班幼儿问爸爸："爸爸，为什么用手使劲拍桌子，手也会感到疼呢？"这位爸爸听到后心中暗喜，心想孩子竟然已经意识到了这个物理现象，便十分认真地向孩子解释"力的作用是相互的"这个物理原理。但显然孩子是无法理解的，也不会感兴趣。如果这位爸爸与孩子一起探究和体验，与孩子一起拍拍不同质地的物体，如木桌子、软沙发、硬塑料板等，用不同的力度拍同一个物体，感受轻轻地拍和重重地拍有什么不同。在这样的探究过程中，成人不需要告诉幼儿为什么，便可以很好地满足幼儿的探究欲，激发幼儿的兴趣。

总之，对于提出"真"问题的幼儿，成人要将幼儿卷入好奇和探究的情境中，但重点不是告诉幼儿答案，而是给幼儿一个探究过程的经历，在探究中满足幼儿的好奇心与探究欲。所以，当幼儿对某种事物和现象表现出好奇或提出问题时，当幼儿流露出对未知的某种事物和现象的疑惑和不解时，家长和教师不要急于告诉幼儿答案，而应以一种与幼儿同样好奇的态度，引导幼儿进行探究。

（3）5—6岁幼儿

随着幼儿年龄的增长，5—6岁幼儿的问题意识会越来越强，对自然界的各种事物和现象都充满好奇。他们不但会刨根问底，而且能够通过自己的探究寻找答案。随着幼儿动手操作能力和探究能力的增强，幼儿能够自己动手动脑去寻找问题的答案。

这一阶段幼儿的典型表现是问题具有真正的指向性，会自己寻找问题的答案。他们甚至会先假设一个答案，然后再去验证其正确性。对于不明白的问题，他们往往会刨根问底。由于这时幼儿的逻辑思维已经开始萌发，他们开始能理解成人给予的科学解释，并且和成人开展一些科学讨论和对话。例如，几名幼儿在玩耍时，不小心把区角里的小葫芦弄碎了，一名幼儿发现小葫芦里面有一些种子，他们便想：要是把这些种子种下去，是不是就能有葫芦了呢？教师知道幼儿的想法后，便让幼儿把葫芦里的种子都收集起来，又为他们提供了各种各样的种子，如花生米、黄豆、绿豆等。这使得幼儿对种子怎么发芽、生长产生了浓厚的兴趣。他们迫不及待地拿着玩具小铲子、洒水壶到幼儿园里的空地里，认真地把各种种子种下去，并且每天浇水、观察。他们渴望通过实际的证据，来给出问题的答案。

对这一阶段的幼儿来说，他们到了真正需要答案的年龄。只有当他们的问题得到真正的解决，他们的好奇心才会得到充分的满足。对于他们的问题，成人可以用通俗的语言加以解释，给予解答，也可以鼓励幼儿通过自己的探究去寻找答案。教师需要做的就是鼓励和支持幼儿的好奇心与探究欲，适当引导幼儿动手动脑去探究，并提供合理的协助。正如上述案例中教师的做法，当幼儿讨论、猜想葫芦种子能否发芽、生长、长出新的小葫芦时，教师及时地鼓励和支持了幼儿的想法。这不但更加激发了幼儿的探究兴趣，还使幼儿的探究兴趣拓展到了各种种子是如何发芽和生长的。对于那些连成人也可能无法回答的问题，教师也不必回避。可以让幼儿明白，这个世界上有很多未知的问题，科学家的工作就是不断地发现问题、寻找问题的答案。幼儿也是小小科学家，可以像科学家一样去探究未知的世界。如此，则可激发幼儿不断探寻科学世界的兴趣。

（二）科学方法方面的目标

1. 总体分析

《指南》中提出的科学方法方面的目标是"具有初步的探究能力"。在今天，大家已经形成了"科学的核心在于探究"这一共识。无论是人类整体还是个体，探究都是获取科学知识的基本过程和方法。对幼儿来说，"动手、动脑，学会探究"应该是科学教育目标的重要方面。

科学探究是一个完整的过程，它包括提出问题、做出假设、收集证据、做出解释、得出结论等多个环节。而在科学教育中如何理解和把握探究能力方面的目标，不仅需要考虑探究本身的内涵，还需要考虑到教育对象的年龄特点。在20世纪60年代的国际科学教育改革中，比较重视科学探究的过程技能，甚至出现了以专门训练各种过程技能为特色的课程方案。这种做法对中国也有一定的影响。但是在今天，出现了另一种观点，即认为科学探究是一个复杂的过程，科学探究过程也不是一套必须严格遵守的程序。有的探究开始于问题，有的探究开始于发现，有的探究开始于假设，有的探究也不是非假设不可。科学探究的核心在于科学思维，也就是理论与证据的协调。

综合以上的观点，我们认为，幼儿阶段科学探究能力的培养，需要训练其基本的探究技能，如观察、实验等，但更需要萌发幼儿的科学思维；需要指导幼儿像科学家一样做科学，但更需要让幼儿在生活中进行有意义的和自由的探究。

本书将幼儿阶段的科学探究能力概括为四个方面：观察实验能力、科学思考能力、表达交流能力和设计制作能力。这些能力在幼儿阶段开始发展，也是幼儿进行科学探究活动所必需的能力，也是幼儿科学学习的重要内容。有关这些科学探究能力的具体内涵，将在下一章中阐述。

这里，我们将围绕科学探究的核心——科学思维，探讨其在幼儿阶段的发展特点。

库恩（Kuhn）将科学思维界定为理论和证据的协调，也就是要基于证据得出结论，并能根据新的证据修正自己的理论。在这里，证据是客观的，而理论是主观的。对于处在自我中心思维阶段的幼儿来说，要能分清客观的事实与主观的想法，并不是一件容易的事。那么，幼儿在什么年龄能够做到区分二者呢？在一项实验中，研究者让幼儿看爬树的图片：一个男孩爬树，然后在地上捂着膝盖。然后研究者问幼儿："你怎么知道（他掉下来）？"通常的回答："因为他抓的不牢。"研究者进一步问他们："你怎么确信就是发生了这个事情呢？"4岁幼儿仍难以从证据来做出反应，而2/3的6岁幼儿能够从证据（在地上捂着膝盖）来做出判断。这个实验证明，4—6岁是幼儿科学思维（区分理论和证据）萌发的关键发展期。

科学思维的萌发和初步发展贯穿了幼儿时期，并且表现出一定的阶段性。它直接影响了幼儿的探究方式和探究能力。泰特勒（Tytler）从探究方式、探究深度及变量控制三个维度描述了幼儿科学思维早期发展的过程。他提出，幼儿最初的探究是一种"随机式探究"，这种探究聚焦于现象本身，幼儿只是罗列和描述现象。随后幼儿进入一种"寻求推论式探究"，这时幼儿开始通过观察寻找事物之间存在的关系。而更高的水平是"假设检验式探究"，也就是说，幼儿不再是盲目地去收集证据，而是在一定的想法引导之下去观察。在这种探究方式下，幼儿不仅能获得对现象的把握，更能获得有解释力的概念。泰特勒的理论，对于我们理解幼儿科学探究能力发展的年龄特点具有重要的启发。

2. 幼儿科学探究能力发展的年龄特点及教育要求

（1）3—4岁幼儿

3—4岁幼儿如果说有科学探究，那就是一种"随机式探究"。这种探究不是问题驱使的，而是情境驱使的。也就是说，幼儿不会是带着问题去探究，更不会有意识地通过探究寻找问题的答案。它是典型的"做中学"——在动作中思考、在动作中探究。在动作之前，幼儿没有预想；在动作之后，幼儿也不会反思。但是这种探究的最大价值就在于对现象的发现，但也止步于发现现象本身。由于这个年龄的幼儿，其思维是自我中心的，所以他们甚至无法从自己的发现中推演出客观的结论来，一旦涉及解释的层面，就会暴露出"泛灵论"的特点。

由于幼儿认知发展水平的限制，对此年龄段幼儿探究能力的要求主要是通过观察和操作获取信息：在观察时强调发现事物的明显特征，在操作中强调多感官的调动和动作的参与。在观察事物时，小班幼儿主要是对物体外部特征进行描述，并且这种描述大多是孤立的和表面的。例如，幼儿拿到苹果会说："我的大，他的小。"或者说"我的是红的，他的是绿的"。幼儿只能并列地描述事物，但不能够比较，达不到概括的水平。幼儿不会说"我们苹果的颜色是不同的"。

在动手操作方面，教师应给予幼儿丰富的动手操作和尝试的机会。例如，在一节"怎样让一张纸发出声音"的小班科学探究活动中，活动并没有遵循从提出问题到解决问题的思路来开展。教师提出问题并进行简单介绍后，便给每个幼儿发了一张纸。幼儿拿着纸开始尝试各种方法，有的幼儿把纸摇来摇去，有的幼儿把纸撕开，还有的幼儿把纸攥成一团。幼儿能够在动作的尝试中进行探究，在尝试的过程中关注动作产生的结果。显然，小班幼儿不能遵循从提出问题到解决问题的过程，小班幼儿是在"做"的过程中进行随机性探究的。

教师应充分理解此阶段幼儿的探究特点。一方面要培养幼儿的观察技能，给幼儿呈现种类相同，但是外部特征不同的事物，引导幼儿运用多种感官感知获得信息。例如，教师请幼儿观察苹果，应给幼儿提供不同颜色和大小的苹果，让幼儿知道苹果是丰富多样的，而不只是知道一个苹果的概念。

另一方面，由于小班幼儿的探究活动是随机的、无计划的、感官操作的，幼儿无法预先知道自己准备干什么，也不理解猜想验证的意义。因此，教师应为幼儿提供具体的操作情境，对幼儿做的事情进行及时反馈，使幼儿关注动作产生的结果。

（2）4—5岁幼儿

中班幼儿的探究能力介于小班和大班之间，因此具有过渡性。他们开始具有一定的问题意识，并能带着问题寻找答案。他们也开始逐渐超越于对具体事物的认识，开始发现事物之间的联系。但是由于其生活经验和思维发展水平的局限，这个阶段的幼儿还没有明确的方法意识，所以不能脱离教师的指导进行探究。他们对事物之间关系的认识也仅限于外在的、表面的联系，还无法理解事物的内在因果关系。甚至由于这个年龄幼儿的思维还没有完全脱离自我中心，他们也不能很好地区分主观和客观，往往将主观的猜想和客观的事实相混淆。

例如，在一次"玩磁铁"的活动中，教师请幼儿每人拿着磁铁，探究教室里哪些物品是可以被磁铁吸住的。在交流讨论环节中，一名幼儿说磁铁能够吸窗户（铝合金材质的）。教师请这名幼儿再去尝试操作，磁铁并没有吸住窗户，但是幼儿依旧说"刚才是能吸住的"。显然这是幼儿个人的主观臆断，是不符合客观现实的。因此，对于中班幼儿来说，带领他们去进行一些简单的调查，其重要的意义在于让幼儿去进一步分清什么是客观的，知道我们的想法需要客观的证据来支持。

中班幼儿能够用直观的、能够看得见的原因来解释，所以中班幼儿能够进行一些简单的探究。但是如果是现象背后的原因，那么中班幼儿就不能很好地解释了。例如，在"纸花"的科学教育活动中，教师提供了用不同材质的纸做成的纸花，请幼儿去观察放在水中后哪种纸质的花会最先"开放"。虽然这个现象背后的实质原因是幼儿不能理解的毛细现象，但是幼儿可以很直观地看到纸的材质是不同的，并发现纸的材质和纸花"开放"先后的关系。

教师应充分理解此年龄段幼儿的探究特点。在实践中，教师的指导应该是"半扶半放""扶多于放"，带领幼儿通过简单的调查和收集信息，进行探究。教师在引导中班幼儿开展简单的探究活动时，要给幼儿明确的方向，告诉幼儿应该去怎么做。例如，在上述纸花的科学活动中，教师在引导幼儿进行探究时，要给幼儿提出明确的要求，可以对幼儿说"请你把不同的纸花放到水盆里，看一看和自己猜想的结果是否相同"。这样幼儿才能知道具体要怎么操作。

此外，对于教师来说，在引导幼儿开展简单的探究活动时，重点并不是要纠正幼儿的探究答案，而是要给幼儿更多的机会去描述客观事实，促使幼儿分清主观和客观，从而提升探究能力。

（3）5—6岁幼儿

大班幼儿的思维发展较中班有了明显的变化，突出表现在他们已经具有初步的科学思维，即明确证据对于解释的重要性。这个阶段的探究不仅是问题驱使的探究，还是有目的、有方法的探究。在探究开始之前，幼儿就具有了一些如何探究的想法。这个年龄段的幼儿，思维的自我中心性明显减少，他们更愿意通过事实证据去寻求合理的解释。他们的探究能力发展还表现在能够进行一定程度上的合作探究，以及能够在教师或家长的帮助下，制订简单的计划，并进行简单的探究。例如，春天到了，幼儿想知道幼儿园里共有多少种花开放了，就可以在教师的帮助下，制作调查表，和同伴合作进行实地的调查，共同完成调查计划并进行相应的记录。

教师应充分理解此阶段幼儿的探究特点。教师的指导应指向幼儿的科学思维，即帮助幼儿明确研究问题、寻找可行的方法，并为幼儿的探究提供条件支持。在探究问题的选择上，一方面成人要鼓励幼儿自己发现和提出探究的问题；另一方面，成人也可根据幼儿的发展水平，结合幼儿的已有经验和兴趣，提出具有探究意义和价值的问题。

在探究方法选择上，成人应该引导和鼓励幼儿根据探究的问题，学习选用合适的探究方法。例如，幼儿想知道植物角的大蒜是怎么生长的，可以每天进行观察和记录；想验证关于影子问题的猜想，可以在阳光明媚的时候，到空地上进行实地的实验和验证；想知道家庭里每个人的兴趣和爱好，可以制订调查计划，在家中开展调查。总之，需要在幼儿动手做之前引导幼儿充分地动脑思考。教师对此阶段幼儿的指导和帮助，既包括语言上的鼓励、探究材料和工具的提供，还包括探究方法和技能上的引导。

（三）　科学知识方面的目标

1. 总体分析

《指南》中提出"在探究中认识周围事物和现象"的目标，准确揭示了幼儿科学知识的特点，它是在探究过程中获得的知识，是有关周围事物和现象的知识。那些从外部强加给幼儿的"权威解释"，或是远离幼儿生活经验的概念术语，尽管它们往往披着"科学"的外衣，但绝不是幼儿科学教育所要追求的目标。

（1）幼儿的科学知识离不开探究过程

幼儿对事物和现象的认识是在探究的情境和过程中获得的。因思维发展水平所限，幼儿的学习依赖直接经验远甚于间接经验。正所谓"百闻不如一见，百见不如一行"，幼儿的科学知识首先来自他们第一手的科学经验。当然这并不是说，幼儿不可能通过间接经验来学习，但必须建立在幼儿已有经验的基础上，并且是在幼儿理解能力的范围之内。

对于幼儿来说，科学知识的获得来自自己的亲身活动，是幼儿运用自己的知识经验建构的结果。幼儿对事物和现象的认识，都是在幼儿感知、体验、探究和发现的过程中获得的，是幼儿探究过程的结果。例如，幼儿通过感知苹果的形状、颜色，认识到苹果是多种多样的；幼儿通过实验探究，认识到物体的沉浮现象；幼儿通过调查和记录，认识到天气和季节的变化。这些都是符合幼儿发展水平的科学知识。

幼儿科学教育的知识目标应强调让幼儿通过自己的探索活动自行获取科学经验。科学知识是幼儿自己的认识、自己的理解，他们对事物和现象的认识是建立在个人已有经验的基础上的。教师要接受和鼓励幼儿自己的认识和理解，也就是要强调让每个幼儿用自己的方法，在自己的水平上获取"自己"的科学知识，并能够运用已有的知识促进自我不断地丰富和深化。

（2）幼儿的科学知识来自周围熟悉的事物和现象

一方面，幼儿的年龄特征和思维特点决定了幼儿不易理解概念化、理论性的知识。幼儿对科学知识的掌握没有达到抽象的水平，他们的科学知识只是一种经验性的知识，即科学经验。因而，脱离幼儿的实际发展水平而片面强调概念化的知识是不恰当的做法。例如，对物体沉浮原因的解释，如果教师直接告诉幼儿沉浮的物理原因，幼儿是不能理解的。

另一方面，幼儿对事物和现象的理解是基于其对周围事物的经验，而不是成人强加给幼儿的、远离其生活经验范围的内容。如果成人不顾幼儿的已有经验，一味地按照教材的内容开展科学教育活动，幼儿是难以理解的。例如，教师在开展科学教育活动时，教材中有关于"认识雨花石"的活动。雨花石并不是各地皆有的一种石头，如果幼儿生活的地区没有雨花石，幼儿对雨花石也不熟悉，则不必一定要开展关于雨花石的活动，可以选择幼儿熟悉的石头开展活动。

我们提出的幼儿的科学知识应该是直接的、经验性的知识，但也要看到，幼儿随着思维的不断发展，他们的经验范围也在不断扩大，对事物的认识也呈现出由表及里、由浅入深的发展轨迹。科学教育应该支持幼儿不断建构他们对科学知识的理解，应根据不同年龄阶段幼儿的认识水平，提出差异化的目标。

2. 幼儿科学知识发展的年龄特点及教育要求

幼儿科学知识发展的年龄特点，反映了他们科学探究能力的发展。总体上，幼儿科学知识的发展，遵循着从外部到内部、从孤立到联系、从现象到实质、从具体到抽象的过程。

（1）3—4岁幼儿

首先，这一年龄段的幼儿在认识事物和现象时只能认识事物外在的、表面的特征，对事物的认识是孤立的。幼儿在认识事物和现象时能够认识到事物具体的、单方面的特征，而不能将这些特征进行概括。例如，幼儿在观察苹果时，能够认识到苹果有的大，有的小，也能认识到自己的苹果是绿色的，旁边小伙伴的苹果是红色的。但是苹果的这些外在特征对幼儿来说都是孤立的，幼儿自己不能够将这些特征进行概括，认识到苹果的形状和颜色是不同的。

其次，幼儿对事物和现象的认识主要是通过感知观察，从而获得对事物表面特征的认识。感知和观察对幼儿来说十分重要，尤其是小班的幼儿，感知和观察是幼儿获得对事物和现象认识的重要方法。例如，在小班科学教育活动"小脚丫"中，为了增进幼儿对于脚的认识，发展脚的触觉，教师紧密结合小班幼儿的特点，注重引导幼儿运用感官和在动作中尝试探究。从教学活动的设计上来看，活动环节层层相扣，从摸脚、认识脚的各部分名称，再到玩脚、拓展玩的方法，并且结合小班幼儿的特点，使用毛绒动物玩具来玩脚，从而丰富了幼儿对自己小脚的认识。如果一个事物或现象不能通过感知和观察来认识，那么小班幼儿将很难理解。例如，小班幼儿不能理解季节，只能理解天气。因为季节是不能直接感知的，而天气是可以感知的。

在实践中，一方面，在幼儿认识事物和现象时，成人可以根据幼儿的表现给予相应的支持。例如，鼓励幼儿说出事物的外部特征，帮助幼儿总结概括共同的特征，建立事物之间的联系，从而帮助幼儿积累对于事物和现象的感性认识和直接经验。另一方面，成人应该给幼儿提供各种感知、观察的材料和机会，让幼儿在充分感知的基础上丰富对事物和现象的认识。例如，在小班科学教育活动"开小车"中，教师首先让幼儿介绍自己带来的小车，在幼儿介绍小车颜色时，教师有意识地进行简单归类，使具有相同颜色的小车同时介绍；在介绍小车类型时，教师则询问幼儿还有哪些不同类型的小车。两种不同的处理方式既丰富了幼儿对于小车的认识，也给了幼儿更多表达的机会。

（2）4—5 岁幼儿

在认识事物和现象时，中班幼儿超越小班幼儿的方面体现在，幼儿能够摆脱事物外在特征的束缚，认识到事物之间的联系，并进行一定程度的概括。例如，中班幼儿可以观察各种各样的瓜（黄瓜、丝瓜、苦瓜等），能够在观察瓜的同时发现这些瓜有相同的地方，并进行一定程度的概括，幼儿会说"它们的表面都是绿色的""它们摸上去都感觉麻麻的"等。

首先，幼儿虽然能够认识到事物之间的联系，但是幼儿认识到的这种联系是事物或现象外在的、直观的联系，而不是内在的、本质的联系。例如，在幼儿观察纸花在水中"开放"的科学探究活动中，幼儿对部分纸花能够较快开放的解释是纸很薄，所以纸花容易开放。幼儿只能从外在的特征来认识，而不能认识到不同纸花开放速度快慢的真正内在、本质的原因是纸的结构。

其次，中班幼儿需要在实验的过程中发现物体的性质和用途，在过程中发现物体的特性和物体之间的联系。例如，通过实验操作，幼儿能够认识到物体的溶解、传热等特性。在科学教育活动"油和水"中，幼儿固有溶解的经验，会本能地猜测，油是会溶解的。但通过实验操作和验证，幼儿发现，尽管使劲地摇晃和搅拌，油和水最终是不能混合在一起的，油不能溶解在水中。正是在实验的操作过程中，幼儿逐渐地认识到油不能溶解于水的物质特性。

由于中班幼儿能够认识到事物或现象之间的联系，而不只是孤立地认识事物。因此，教师可以引导幼儿认识一类事物对人们生活的影响。例如，引导幼儿认识科技产品与人们生活密切的关系。幼儿每天都在与各种科技产品相接触，电视、手机、电脑、汽车等科技产品对幼儿来说并不陌生。教师可以通过集体教学活动等形式与幼儿共同讨论这些科技产品与我们生活的关系，从而使幼儿知道科技产品对生活的有利之处和弊端。例如，让幼儿认识到虽然电脑可以用来查找资料、看动画片、玩游戏等，但是用的时间久了对眼睛不好。

此外，教师应该根据幼儿认识事物和现象的方式特点，提供相应的支持，使幼儿在实验探究的过程中逐渐发现和认识事物。一方面，在引导幼儿认识物质特性和用途等的科学教育集体教学活动中，教师应给幼儿操作和探究的机会，使幼儿在过程中认识事物和现象。另一方面，在日常活动和区角活动中，教师也要给幼儿提供丰富的操作和探究材料。当幼儿对某一事物或现象的认识出现偏差时，教师不是直接告诉幼儿正确的答案，而要尽量给幼儿实验操作的机会，让幼儿在过程中自己发现和正确认识事物。

（3）5—6 岁幼儿

相对于小班和中班幼儿，大班幼儿在认识事物和现象时，能够更接近事物和现象的本质，进行更多的概括。当然，幼儿对事物和现象的本质的认识也不是绝对的，在整个幼儿阶段，幼儿都无法真正理解某些事物和现象背后本质的原因。例如，在大班的科学教育活动中，"沉浮"和"影子"的探索活动是经典而常见的，但是幼儿要到 10 岁才能理解沉浮的原因，8 岁才能理解影子的形成原因。所以，在幼儿园阶段并不要求他们知道真正"科学"的原因，而更注重让幼儿通过自己的探究，在自己的经验水平上理解科学现象。

大班幼儿对于事物和现象之间的联系也有了一定的认识。一方面，他们能够发现事物和现象之间的内在联系，如物体结构和功能之间的联系，而不再仅仅局限于事物外在和直观的联系。例如，蒲公英种子的团状结构是为了更好地传播和繁殖；小猫咪爪子上有肉垫可以使它走起路来静悄悄，便于捕食老鼠；消防车、救护车和公共汽车具有不同的结构特点，作用也不同。另一方面，他们开始理解和关注各种事物和现象与人们生活的密切联系。例如，根据季节和气候的变化，人们要穿保暖程度不同的衣服；天气会影响我们的活动，刮大风、下暴雨时不适合外出；我们每天的生活都离不开食物，农民伯伯需要种植蔬菜、粮食等农作物，养殖各种动物。

对于幼儿来说，科学知识的获得来自自己的亲身活动，因此，幼儿科学教育提供给幼儿的应是大量的、丰富的、具体的科学经验。教师在平时的教学活动、各种户外活动、种植和饲养等活动中应该有意识地支持幼儿积累有益经验。例如，在教学活动中提供丰富具体的材料；在户外活动中引导幼儿接触自然，感知动植物的多样性；在种植和饲养活动中关注动植物的生长发育过程等。

由于大班幼儿能够对事物和现象与人们生活的关系有一定的了解，因此，教师可以引导幼儿逐步了解人与大自然的密切联系，使幼儿认识到人类的生存离不开自然，人与自然应该和谐相处，体会人与自然环境、动植物的依赖关系，从而激发幼儿热爱自然、尊重自然的情感。

第二节　幼儿园科学教育的原则

幼儿科学教育应能符合幼儿的心理特点，满足幼儿的发展需要，同时又能对幼儿施以积极的影响，从而促进幼儿的全面发展。幼儿园科学教育的原则就是为更好地促进幼儿学习科学，指导教师开展科学教育活动而总结的一系列有效的做法。在幼儿园的科学教育实践中，我们应该遵循以下的原则。

一、动手操作原则

动手操作原则是指在幼儿园科学教育中，要让幼儿通过自己动手操作的活动来学习科学，而不只是通过语言的讲解或观看别人的操作。

在科学教育中，材料是幼儿操作的对象，也是学习科学的载体。通过对材料的操作，幼儿可以感知事物的特性，认识事物之间的联系，还可以发现问题、提出问题、解决问题。所以，幼儿是在动手做的过程中学科学的。因此，教师不仅要提供幼儿动手操作的机会，也要引导幼儿在操作经验的基础上积极地动脑思考，帮助幼儿理解材料所蕴含的科学概念。

根据动手操作原则，教师应该做到以下几点。

（1）为幼儿提供丰富的物质材料。这些材料应该是多样化的，以便幼儿获取多样化的经验。例如，教师为幼儿提供各种不同的水果，和幼儿一起寻找水果的种子。幼儿在观察、操作这些不同材料的同时，就能获取"水果的种子各种各样"的经验。这些丰富的经验对于他们理解种子的概念是很有帮助的。

（2）为幼儿提供有结构的材料。材料并不是越多越好。过多的材料除了让幼儿兴奋之外，并没有什么好处。所谓有结构的材料就是要将科学的概念蕴藏在材料之中，要让幼儿通过对材料的操作来感受其中的科学概念。例如，在幼儿玩水的时候，教师有意提供各种形状的盛水容器，就可以让幼儿在倾倒的过程中体会到"水没有固定形状"的科学概念。

（3）给幼儿充分的时间和空间进行操作。要把教学建立在幼儿的操作活动基础上，即先要让幼儿获取操作的经验，再引导其进行分享经验、讨论问题，而不是将操作活动仅仅当作提升幼儿兴趣的手段，或是当作教师讲解的印证。例如，在中班"玩磁铁"的科学教育活动中，教师给每位幼儿发放了两块磁铁，在第一轮操作中请幼儿尝试将两块磁铁吸起来，在第二轮操作中请幼儿探究磁铁的新玩法。在每轮操作结束后，教师都引导幼儿交流新发现，并进行总结。整个教学活动都是基于幼儿操作的，教师根据幼儿的操作引导幼儿分享交流，并根据幼儿的思考和想法不断引导幼儿继续进行探究。

（4）让幼儿带着问题进行操作。如果没有明确的目的，幼儿的操作活动将变成没有意义的"瞎摆弄"。教师的角色是将幼儿从盲目的"摆弄"引导到有目的的探究活动中。而提出适当的问题则可以使幼儿带着问题去操作，从而将操作活动变成探究问题和解决问题的过程。例如，幼儿在探究衣架制作的天平的活动中，教师在幼儿操作前提出"怎样让衣架天平保持水平?"的问题，这样幼儿在探究中就有了一定的目的，而不是随意摆弄天平，他们通过各种尝试发现只要两边物体的重量相等，就能使衣架保持水平。

二、主动探究原则

主动探究原则是指在幼儿园科学教育中，要发挥幼儿的主动性，让幼儿通过自己动手操作和动脑思考，在探究活动中学习科学，从而真正成为学科学的主人。

幼儿天生具有主动探究的愿望。科学教育要尊重幼儿的主动性，让幼儿主动地探究科学而不是被动地接受科学，同时也让幼儿的主动性获得进一步的发展。在幼儿的主动探究中，尤其要注重引导幼儿动手操作和动脑思考。当然，动手操作本身不是目的，动手是为了动脑。幼儿只有通过动手、动脑才能完成主动探究。

主动探究原则意味着在幼儿科学教育中，教师要做到以下几点。

（1）尊重幼儿自己的问题，让幼儿有机会探究他们自己想知道的问题。在日常生活中，幼儿会提出很多的问题。如果他们有机会亲自去探究这些问题，他们就会觉得自己的问题是有价值的，同时也会更主动地投入探究问题的过程中。幼儿提出的有些问题是无法直接探究的，教师也可以和幼儿就这些问题展开讨论。幼儿会感到自己的问题得到了重视，因而也会更加主动地去关注周围世界。

（2）激发幼儿自己探求知识的愿望。无论是幼儿提出问题，还是教师向幼儿提出问题时，都鼓励他们直接接触周围世界，进行观察、实验，获取知识，而不是由教师的讲解替代幼儿的直接经验。例如，幼儿对小蝌蚪如何变成青蛙感到很好奇，教师便可在自然角放置小蝌蚪，引导幼儿每天观察记录。

（3）尊重幼儿自己的理解，甚至接纳幼儿的错误理解。尽管幼儿对周围世界有很多错误的认识，但是这些认识都是他们自己主动思考的结果，因而具有一定的合理性。教师可以对它们进行质疑，通过挑战性的问题刺激幼儿主动的思考，而不是简单地予以否定，或者视而不见。例如，幼儿认为重的东西会沉在水里，而轻的物体会浮在水面上。这种理解虽然是不准确的，但却是幼儿基于自己的经验和思考对沉浮现象的认识，教师不能直接予以否定。

（4）让幼儿有机会尝试自己的想法。即使有时候幼儿的想法可能是行不通的，也要鼓励幼儿大胆地尝试。当幼儿有了个人的发现时，教师则应该大加赞扬。尽管幼儿的一些"发现"对于教师来说可能只是一件习以为常的事情，而对于幼儿自身来说这就是一件令人无比激动而兴奋的事情，需要及时地鼓励和肯定。

（5）让幼儿自己发现和纠正错误。要允许幼儿犯错误，而不是直接地告诉他应该怎样做。通过自己的错误进行学习对于幼儿是来说非常重要，因为直接的经验（包括失败的经验）比起别人的提示更容易引起幼儿的主动思考。例如，幼儿可能会认为所有种下去的东西都能够长出许多新的东西来，便把弹珠、小玩具种在土里。渐渐地，他们便会发现自己原本的想法是错误的，并不是所有的东西都能够通过种植而生长的。

三、支架原则

支架原则是指教师应重视对幼儿的探究过程进行指导，使自己成为幼儿学科学的强有力的支架。

幼儿园科学教育中的探究活动不同于幼儿自发的探索活动。它是在教师指导下的探究。支架原则强调教师教的作用，教师的指导不是代替幼儿的主动探究，而是帮助幼儿更好地进行科学探究。教师不是幼儿科学知识的来源，而是幼儿学科学的引路人，是幼儿学科学的支架。

在幼儿园科学教育中，让幼儿主动探究和重视教师的指导作用这两者并不是对立的，而是相互依存的。教师的指导不能脱离幼儿的科学探究过程，幼儿的科学探究也离不开教师的指导。教师的适宜指导，能够充分调动一切积极的因素，优化幼儿的科学探索过程，并促使幼儿得到积极的结果，它是幼儿学科学所不可缺少的因素。

教师的支架作用体现在以下几方面。

（1）为幼儿设计科学探究的问题。好的问题既要能引起幼儿的兴趣，又要能蕴含一定的科学概念。教师向幼儿提出一个好的问题，可以直接将幼儿引向有价值的科学探究过程。例如，幼儿在玩球时，教师可以问幼儿"你们的球一样吗？哪种球容易拍起来？哪种球能够滚得远？"这些问题能够很好地激发幼儿思考和进行探究。

（2）对幼儿的问题进行引导。幼儿会提出很多问题，教师的作用在于鉴别这些问题的价值，将值得探究、可以探究的问题提出来，建议幼儿进行深入探究。例如，幼儿对于各种声音很感兴趣，提出了各种各样的问题，如为什么会有声音、我们为什么能听到声音、为什么有各种各样的声音和为什么有的声音很好听、有的很难听。教师可以根据幼儿的年龄特点和探究能力，选择适宜的问题，如引导幼儿探究发现不同物体发出的声音是不同的，怎样可以使声音变大和变小等。

（3）为幼儿的探究提供物质材料及相应的环境。物质材料是幼儿科学探究的必要条件。教师为幼儿提供适宜的材料，让幼儿探索材料中所蕴含的科学概念，也是教师对幼儿进行指导的一种方式。例如，在探究沉浮的科学活动中，为了让幼儿探索尝试弹珠由沉变浮和塑料瓶由浮变沉的方法，教师为他们准备了丰富的材料，包括泡沫板、积木板、毛根、橡皮泥、皮筋、石头、胶带等，极大地调动了幼儿的探究兴趣，充分地支持了幼儿的探究过程。

（4）对幼儿提出问题，或对幼儿进行质疑，通过对话引发幼儿的思考和进一步探究。例如，外面下雨了，幼儿不能到户外进行活动，教师可以问幼儿"这个星期有几天是雨天？""和晴天相比，下雨天我们需要做些什么？""雨落下来是什么样子的？"这些问题都能引发幼儿的思考。

（5）向幼儿介绍可以利用的信息资源，或者和幼儿一起寻找有用的信息。例如，为了解决幼儿有关无土栽培的问题，教师给幼儿提供图书资料，带领幼儿参观农科所的种植基地，邀请科学家来园介绍等。

（6）创造一种宽松的、民主的心理氛围。在这样的氛围中，幼儿敢于犯错误，敢于自由地表达自己的想法，也乐于向教师提出问题，乐于和同伴进行讨论和交流，乐于吸取别人的意见，从而不断丰富自己的认识。

在幼儿园科学教育中，有不同类型的探究活动。这些活动在发起人、教师指导程度及探究内容的开放性上都有不同。针对不同的探究活动类型，教师可对幼儿进行不同程度、不同方式的指导，以帮助幼儿开展科学探究。

四、联系生活原则

联系生活原则是指幼儿园科学教育要和幼儿的生活紧密结合。对幼儿来说，科学不是抽象的概念和理论，科学就在他们的身边。日常生活中的很多事物，都蕴含着科学教育的因素。让幼儿通过探究日常生活中熟悉的事物来学习科学，既能激发他们探究科学的兴趣，又能使抽象的科学概念变得具体、生动，而且有助于幼儿体验到科学与生活的密切联系。

根据联系生活原则，教师应该做到以下几点。

（1）从日常生活中寻找科学教育的内容。科学教育的内容要贴近幼儿的生活经验。例如，秋天到了，教师可以引导幼儿观察树叶的变化，通过这样的探究活动，既可以培养幼儿对大自然的关注，又使幼儿体验到植物和环境变化的关系。相反，那些幼儿在生活中看不见的、难于理解的内容，如叶的光合作用，则并不适合幼儿学习。

（2）将科学教育融于日常生活之中。教师在集体活动中的教学内容，如果能延伸到幼儿的生活中去，则可以给幼儿提供运用知识、迁移知识的机会。

而且，很多科学探究需要长期的观察、深入的探究，如动植物的生长变化等。教师如果将这些内容融于日常生活之中，在生活中引导幼儿进行长期系统的观察和探究，则能给幼儿留下深刻的印象。

（3）充分利用生活中的随机教育机会。例如，教师可以结合天气的变化，有意识地引导幼儿观察相应的天气。小朋友饲养的小动物死了，教师也可以利用这个机会，和幼儿讨论如何看待生命的问题。

（4）关注、鼓励和支持幼儿在日常生活中的科学探究。幼儿在生活中会有很多偶发性的科学活动，例如，他们发现一群蚂蚁聚集在一起，就饶有兴味地观察蚂蚁搬家。教师对这些自发性的探究活动应有足够的敏感并给予热情的关注，引导幼儿关注生活中的科学。

五、个别差异原则

个别差异原则是指幼儿园科学教育要尊重幼儿的个别差异，因材施教。幼儿发展过程中的个别差异是客观存在的，这表现在他们的思维发展水平、发展速度、学习方式及个性的倾向性等方面。在科学学习中，幼儿的科学兴趣、知识经验、探究能力及探究的主动性都会有很大的差异。教师应该了解幼儿的这些差异，并使自己的教育适应幼儿的个别差异性。

具体地说，教师应做到以下几点。

（1）发现幼儿的不同兴趣，鼓励幼儿发展自己的兴趣。例如，有的幼儿对恐龙特别感兴趣，教师可以鼓励他了解这方面的知识，同时也创造机会让他向同伴介绍。对于喜欢观察动物的幼儿，教师则可以鼓励他们每天把自己的发现记录下来。

（2）通过评估了解幼儿的个别差异。教师可以通过一些非正式的手段，了解幼儿在发展水平上的差异。例如，在进行动物主题之前，教师可以先了解本班幼儿对于动物有哪些了解，哪些幼儿是比较"博学"的，哪些幼儿缺少相关的经验，哪些幼儿很喜欢动物，哪些幼儿很少接触或害怕动物。这样，在主题教学开展过程中，教师就可以针对幼儿的个别差异调整教学内容及方式，并有针对性地进行一些个别教育。

（3）制定灵活的学习目标，以适合不同幼儿的差别。事实上，教师对不同的幼儿应该有不同的期望，只要能让幼儿在自己的原有经验或水平基础上得到发展，就是好的教育。教师不必用同一个标准去衡量所有幼儿，而应该区别对待。例如，在观察事物时，虽然幼儿都能够认识到事物之间的联系，但是有的幼儿只能够认识事物外在的联系，而有的幼儿已能够认识到事物内部的联系了。

（4）允许幼儿用自己的方式、在自己的水平上进行探究。既然幼儿的探究兴趣、探究能力等存在差异，教师就应该尊重这些差异。教学活动的环节可以更为灵活，幼儿的活动方式可以更加多元化，同时幼儿对问题的理解也可以多元化。例如，幼儿在探究解决怎样让玻璃弹珠由沉变浮的问题时就表现了多元的解决方式，有的幼儿把弹珠放在泡沫板上，有的幼儿把弹珠装在塑料瓶里，还有的幼儿用橡皮泥把弹珠粘在木板上。教师对这些解决方法都给予了鼓励和肯定。

六、整合性原则

幼儿的生活是综合的、整体的，幼儿的经验是不应该被人为割裂的。因此，幼儿园科学教育也应该是整合性的。整合性原则要求幼儿园科学教育应依据幼儿的已有经验和学习的兴趣与特点，灵活、综合地组织和安排各方面的教育内容，合理安排教育活动的组织形式，因时、因地、因内容灵活运用集体、小组、个别等活动形式，同时保证幼儿的自主活动，通过与家庭、社区密切合作，综合利用各种教育资源，使幼儿获得相对完整的经验。

根据整合性原则，教师在教育活动中应做到以下几点。

（1）用整合渗透的观念充分挖掘各种活动中蕴含的科学教育价值。一方面，教师要注重将科学教育活动与其他领域的活动相互渗透和整合。如在语言活动、音乐活动中渗透科学教育。另一方面，教师要善于将科学教育内容有机地整合渗透在主题活动、日常游戏和区角活动中，引导幼儿通过操作探索积累有益的科学经验。

（2）整合幼儿的生活经验，调整和改进科学教育。即使是同一年龄阶段的幼儿，由于生活经验的不同，科学教育的内容也是不同的。教师在开展科学教育活动时应该注重整合幼儿已有的生活经验，以此来开展形式多样的活动。例如，同样是认识海洋生物的主题，生活在沿海地区的幼儿，对大海和各种海产品比较熟悉，可以开展参观海产品市场、调查海产品种类等活动。内陆地区的幼儿，则可以根据地区的资源，开展参观海洋馆、进行科学讨论等活动。

（3）多倾听幼儿的谈话和问题，了解幼儿的兴趣点，灵活、综合地采取多种活动形式，以适应幼儿的发展需要。除了常见的集体教学活动外，教师还可以采取小组活动、个别活动等形式。幼儿日常学习和生活中经历的事件或遇到的事物和现象都可能会激发幼儿的探究兴趣。如果教师能够把握幼儿的兴趣点，以合适的方式引导幼儿开展探究，那么幼儿的好奇心将得到很好地满足。例如，几个幼儿在花园里发现了一个蝴蝶的蛹，他们对这个蛹产生了极大的兴趣，很想知道蝴蝶到底是怎么变出来的。教师便可根据幼儿的兴趣，将原本的科学教育活动进行调整，一起讨论这个新发现的蛹。

（4）注重家园联系。家庭是幼儿生活的重要场所。幼儿的教育是连续和完整的，不是家庭或幼儿园一方面可以胜任的。因此，在幼儿园科学教育中也要注重家园联系，在家园合作中共同促进幼儿的全面发展。一方面，幼儿园要发挥引领作用，统筹幼儿园的科学教育资源，发挥幼儿园教育资源的优势，兼顾全体幼儿的发展需要。在尊重、满足家长合理要求的前提下，开展有效的家园合作活动。例如，在开展认识蚂蚁的科学活动前，请家长在空余时间带领幼儿寻找蚂蚁、观察蚂蚁，为幼儿认识蚂蚁积累相关的前期经验。另一方面，幼儿园要尝试开展多种实质性的家园合作活动。通过设立家长委员会、开展家长开放日活动、专家讲座等形式，使家长参与到幼儿园的教育和管理工作中。

第三章 ···

幼儿园科学教育的内容

　　幼儿园科学教育的目标探讨的是"为什么教"的问题，而本章讨论的则是"教什么"的问题。内容是实现目标的媒介。教什么取决于为什么而教，从这个意义上说，内容可以说是目标的具体化。

　　科学教育的内容，过去指知识内容，即通过学科知识的教和学，来实现教育的目标。但是今天，"作为内容的探究"这一观念已经被普遍接受。探究不仅是方法，也是科学教育中非常重要的学习内容。科学学习，不仅是学习科学知识，也是学习如何进行科学探究。因此，本章将科学教育的内容的叙述，分为科学探究和科学知识两个部分。

第一节　科学探究

　　过去，人们把探究作为一种获取知识的方法，即学习科学的方法，"通过探究学习科学知识"，而在这里，探究的意义有所不同。它不再局限于一种方法，而是指学习的内容。

一、科学探究概述

（一）科学探究的内涵

科学探究是建立在事实证据和逻辑基础上，获得对客观事物规律的认识的方法。对于科学探究，可以从两个层面来理解。一是从科学领域研究工作的角度来理解，如《美国国家科学教育标准》中的定义：科学探究指的是科学家们用以研究自然界并基于此种研究获得的证据提出种种解释的多种不同途径。二是从学生科学学习的角度来理解，科学探究指学生们用以获取知识、领悟科学的思想观念、领悟科学家们研究自然界所用的方法而进行的各种活动。①

科学探究具有丰富的内涵。科学探究不仅仅是做做实验，而是一种多层面的活动。科学探究需要进行观察，提出问题；需要通过浏览书和其他信息资料来了解什么是已经知道的知识；需要运用多种手段来搜集、分析和解释数据；需要运用批判性思维和逻辑思维提出解答、阐述和预测；需要对假设进行证明并交流结果。

（二）幼儿的科学探究

探究既是学科学的方法，也是科学学习的重要内容。科学教育不是给孩子一些固定的、绝对化的、确定的、知识性的结论，而是要帮助幼儿学会以探究来获得知识的方法。当今国际科学教育界已普遍认同将科学探究作为科学教育的基本方法和重要内容，即让幼儿像科学家那样，在科学探究的过程中学习科学。科学探究的过程包括提出问题、做出假设、收集证据、做出解释、得出结论等。幼儿的科学探究，也同样经历了以上类似的过程。

---

① 国家研究理事会. 美国国家科学教育标准[M]. 北京：科学技术文献出版社，1999：30.

在探究的过程中，幼儿首先要发现并提出问题，问题的表现形式可能是直接的语言表达，也可能是动作的摆弄。例如，幼儿在玩水时发现有的玩具能够浮在水面上，有的玩具会沉在水中，便会感到好奇并询问。

其次是集中疑问，做出假设，拟定调查方案。这一步通常需要成人的指导和协助。例如，探究"蚂蚁喜欢吃哪些食物"的问题，有的幼儿猜测蚂蚁喜欢吃面包屑，有的幼儿猜测蚂蚁喜欢吃巧克力，这就需要制订相应的调查研究计划并付诸实施。

为了验证假设，需要收集相关的证据。这一过程可以利用相关的工具和技术，除了传统的工具，数码相机、摄像机等现代化科技手段都可以尝试采用，辅助幼儿收集证据。

在收集证据的基础上，科学家会对证据与解释之间的关系进行批判性和逻辑性思考，对问题做出解释，并将科学论点进行交流。对幼儿来说，这主要表现在对探究结论的分享和讨论，并在此基础上形成观点。

正如科学家的探究一样，幼儿的科学探究过程不是线性的，而是不断循环的，幼儿在探究的过程中会不断发现新的问题，尝试新的探究。具体见图3-1。

（三）实践中培养幼儿探究能力的误区

首先，一些教师在实践中把培养幼儿探究能力的模式固化，甚至不顾幼儿的年龄特点和发展水平。关于探究能力的培养，一些幼儿园教师已形成了固定的模式：提出假设—验证猜想—总结评价。似乎科学教育活动就要遵循这样的模式套路。问题在于教师是否考虑到幼儿的年龄特点，如在小班，幼儿虽然能够进行猜想，但是根本无法理解为什么要猜想，也不理解猜想的意义。如果教师不了解幼儿的年龄特点和发展水平，在小班便开展类似形式的探究活动显然是不合适的。

其次，一些教师只重视探究的形式，而不理解探究能力的实质。以"猜想验证"这一探究能力为例，在一次"神奇的药水"科学教育活动中，教师将碘酒滴到馒头片上，馒头变了颜色，幼儿都很惊讶。紧接着，教师又出示了其他的一些食物，让幼儿猜测将"药水"滴在上面是否会变色。幼儿便在教师的引导下进行"猜想"。当幼儿完成了"猜想"，教师便说"我们一起来验证一下吧！"教师与幼儿共同"验证"，讨论"猜想"与"验证"的结果。

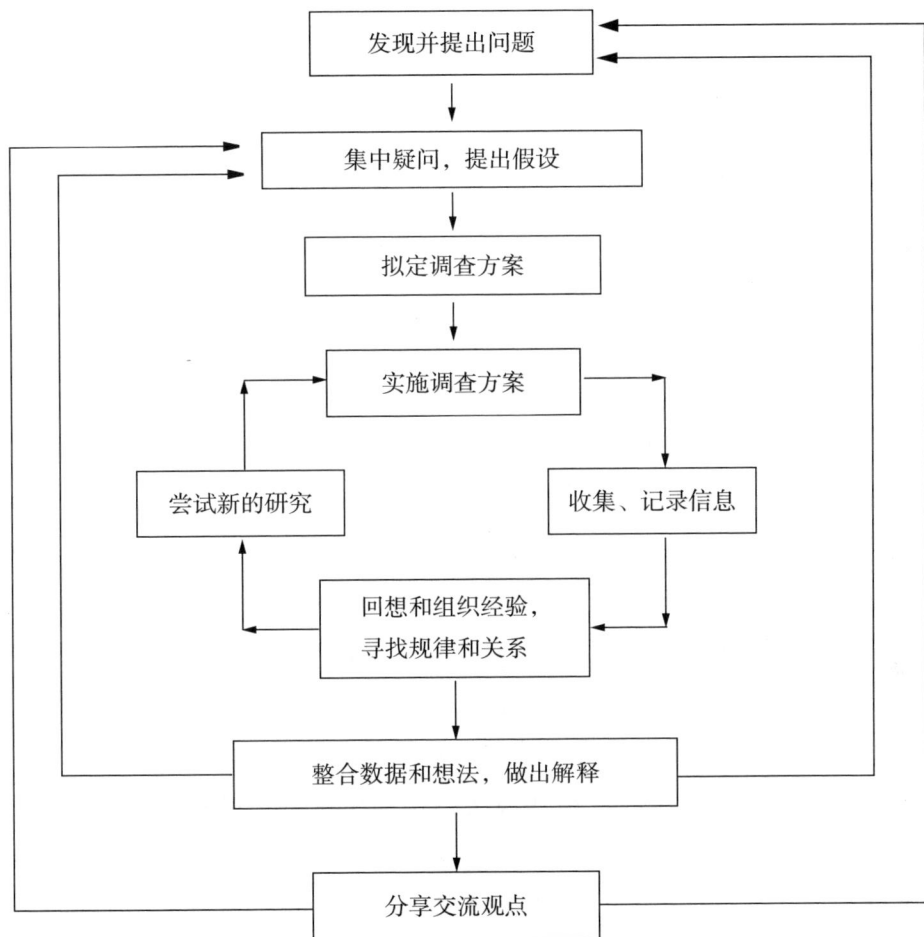

图3-1 幼儿科学探究的过程

这种看似"猜想验证"式的科学教育活动乍一看激发了幼儿的好奇心，也给了幼儿操作探究的机会。但是问题在于这真的能够发展幼儿的探究能力吗？幼儿根本不理解为什么"药水"会让一些食物变色，缺乏相应的经验基础，因而也就无法进行猜测，所谓的"猜测"只能是"瞎猜"。猜想不等同于瞎猜，猜测的依据是过往的经验和已有的理论。显然，教师在活动中只是运用了探究的外在形式。由于教师不理解科学探究能力的实质，科学活动往往是在走过场。很多时候，教师只是为了猜想验证的形式而设置这样的活动，不知道为什么要让幼儿去猜测，没有理解让幼儿猜想验证的意义。

最后，一些教师将探究等同于动手操作，忽视了幼儿的动脑思考。教师往往给幼儿提供多种材料让其操作，而不管幼儿究竟是在解决问题还是在盲目地瞎玩，以为这样幼儿就是在进行探究了，这是对探究内涵理解的狭隘化。事实上，幼儿的探究离不开动手操作，然而探究不仅仅是动手做，探究的本质是动脑，是解决问题。

语言是思维的工具，教师与幼儿的互动能够激发幼儿的思考。随着对于探究的深入认识，人们越来越意识到语言和社会性的互动在幼儿科学探究中的重要性，对话式探究这一概念的提出正说明了对话也可以成为一种探究形式。在幼儿的探究过程中，教师需要进行相关的语言介入，因为关键的引导性话语能够促进幼儿积极动脑思考。例如，在上述"猜想验证"式的科学探究活动中，当幼儿进行猜想后，教师直接说"我们一起来验证一下吧！"和询问幼儿"我们怎样才能知道猜得对不对呢？"是有很大不同的，后者能够激发幼儿的思考，培养幼儿的科学思维。因此，在幼儿的科学探究中，教师应关注语言和社会交流在知识获得中的作用，关注语言在思维中的作用，鼓励幼儿与同伴和教师进行交流，在语言的交流中生成对问题的理解，在语言的交流中对观点进行论证，在语言的交流中学习探究。

（四）幼儿学习科学探究的意义

科学探究可以帮助幼儿加深对科学的理解，理解科学的本质。科学的核心在于探究。幼儿很小就开始接触科学，将探究作为内容学习。在幼儿时期提倡科学探究的学习，能够逐步培养幼儿收集和处理科学信息的能力、分析问题和解决问题的能力、交流思考论证的能力。在这一过程中，幼儿也在逐渐理解科学，理解科学的核心——探究。

科学探究有利于幼儿掌握独立探究的必要技能。在教师的指导下，幼儿不断积累起他们关于科学的知识，在科学学习中，幼儿也在不断地体会和学习科学的探究方法。当幼儿将精力集中在调查研究的过程中，当幼儿专注地观察两片树叶的不同，当幼儿用自己的方式记录下物体沉浮的发现时，当幼儿积极思考问题时，他们也正在发展着自身的探究能力。

幼儿通过探究学会探究，这是最能体现幼儿学习主体地位的学习方式，也是幼儿最为感兴趣、最愿意卷入的学习。幼儿学习科学探究的同时，也在形成积极的学习品质。早期的科学探究能够帮助幼儿学会用探究的方式思考和解决问题，在幼儿期埋下科学素养的种子，使其在成年后将探究作为基本的生活态度和思维方式。

二、幼儿的科学探究能力

我们可以看到，幼儿学习科学的过程，实际上就是科学探究的过程——观察现象、提出问题、做出假设、检验假设、形成结论等。科学探究是幼儿园科学教育活动的基本方法和重要内容。幼儿在科学探究过程中，培养和发展了各种具体的科学探究能力——观察实验能力、科学思考能力、表达交流能力、设计制作能力等。

（一）观察实验能力

1. 内涵

观察是一种有目的的知觉活动，同时也是一种基本的科学方法，它是指运用感官直接获取第一手资料的方法。对幼儿来说，观察是一种重要的科学探究的技能。因为幼儿的逻辑推理能力十分有限，他们获取科学知识的途径则更多地依赖于直接的观察。

科学实验是指在人为控制条件下，利用一定的仪器或设备，通过操纵变量来观测相应的现象和变化的方法。幼儿的科学实验是指幼儿在科学发现活动中，以行动、操作或其他方式验证其发现、推论或预测是否正确的过程和方法。由于幼儿逻辑思维发展水平的限制，幼儿科学实验中对变量的操纵和控制比较简单，所揭示的也是事物之间明显的、可见的、表面上的因果联系。

观察实验能力是一种收集事实证据的能力。不论是直接收集感官所获得的资料，还是通过对事物变量的控制和改变来获得对事物的认识，观察实验的最终目的是更加深入地认识事物，获取事实证据。

2. 在科学探究中的意义

相对来说，观察不受思维水平的制约，因而幼儿是可以做到的，观察的意义体现在帮助幼儿分清主、客观，通过感官获取客观事实的证据。皮亚杰认为科学活动最大的价值就是对幼儿观察能力的训练，能够使幼儿养成对客观事实尊重的态度。观察为幼儿提供了直接与周围世界接触的机会，使幼儿获得最直接、最具体的科学经验，把幼儿带入学科学之门。幼儿通过观察所获知的事实材料，既是一种科学经验，同时也是进一步学科学的基础。实验需要幼儿动手操作改变变量，它的意义在于帮助幼儿在控制和改变事物中获得认识，在尝试和操作中获取经验。

观察实验在科学探究中的意义具体表现在以下几个方面。

（1）观察实验能调动幼儿学科学的主动性和积极性，培养幼儿探索科学的兴趣。幼儿通过感官直接获取经验，通过尝试操纵和改变物体，能够极大地满足幼儿的好奇心和探究欲望。

（2）观察实验能让幼儿体验科学探究的过程。通过真正的"做科学"，幼儿学习发现问题、提出问题、解决问题，这正是科学研究的过程。

（3）观察实验有助于幼儿理解科学现象。在观察实验中，幼儿能够获取第一手感性材料，对科学现象有直观的了解，这些往往能够成为幼儿印象深刻的记忆。

（4）观察实验能够培养幼儿的观察、分析能力，发展幼儿的动手操作能力，是对幼儿智力和能力的综合训练。

3. 各年龄段的关键经验

表 3-1　3—4 岁幼儿观察实验能力关键经验

关键经验	案　例
发现事物明显的特征	认识苹果的颜色、形状等明显的外部特征
发现事物的外部特征	
学习运用多种感官感知事物的特征	运用视觉、听觉、嗅觉、味觉、触觉等多种感官感知西瓜的特征
观察现象的发生和事物的变化	观察糖放入水中的变化
在动作的尝试中进行探究	尝试让一张纸发出声音
关注动作产生的结果	意识到撕纸会让其发出声音
通过观察和触摸，使用简单工具收集信息	使用放大镜观察事物的细节

表 3-2　4—5 岁幼儿观察实验能力关键经验

关键经验	案　例
有顺序地观察事物的特征	有序地观察梧桐树的各个部分及特征
比较各个观察对象的不同和相同	观察各种各样的瓜（黄瓜、丝瓜、苦瓜等），并且能够在观察瓜的同时发现这些瓜有相同的地方
运用简单的工具，收集更多细节性的信息	使用放大镜观察蚂蚁
在实验的过程中发现物体的性质和用途	在"油和水"的实验中发现油的特性
在实验过程中发现物体之间的联系	通过实验发现磁铁可以吸住某些东西

表 3-3　5—6 岁幼儿观察实验能力关键经验

关键经验	案　例
学习观察事物的运动和变化	观察蚕宝宝的生长变化
对事物进行长期系统的观察	学习观察并记录小蝌蚪身体的变化
探寻观察对象的变化规律	在观察的基础上探寻种子发芽和水分的关系

续表

关键经验	案 例
在观察中逐渐发现事物和现象之间的内在联系	知道小猫咪爪子上有肉垫可以使它走起路来静悄悄，便于捕食老鼠
学习运用标准化的工具来收集信息	学习使用温度计和天平来收集信息
在成人的帮助下，制订简单的调查计划并执行	在教师的指导下，对家人的爱好进行调查

4. 指导要点

（1）提供充足、多样的材料，以保证幼儿能反复观察、操作、与客体相互作用，在观察实验的过程中去探索、发现、判断，自己找出问题的答案。幼儿的发现来自他们自己的摆弄和操作，因此，材料的提供非常重要，只有多样性的材料才能使幼儿获得丰富的科学经验。

（2）积极引导幼儿主动参与观察实验活动，使其成为幼儿主动的探索活动。在活动中要给幼儿充足的观察和实验操作的时间，鼓励幼儿大胆尝试，激发其探究欲望。对于幼儿的想法，要加以支持。

（3）引导幼儿在活动中仔细观察，注意实验材料在操作过程中的变化，同时也要引导幼儿学习记录实验中的发现。必要时，对幼儿的观察技巧和实验操作方法给以适当指导，帮助幼儿更好地收集信息。

（二）科学思考能力

1. 内涵

科学思考泛指幼儿的思维活动，它贯穿于幼儿学科学的过程之中。科学不仅仅是动手操作，也是动脑思考。作为科学方法之一的思考，指的是幼儿获取科学知识所必需的思维加工技能。幼儿的思维以形象思维为主，他们虽然不能进行完全的逻辑思维，但可以在具体形象和表象基础上思考事物和事物之间的关系，甚至进行某种程度的推理。科学思考能力的核心是实证思维，即基于事实证据形成合乎逻辑的结论。

2. 在科学探究中的意义

尽管学前儿童的思维还依赖于具体的动作和表象，不能进行抽象的逻辑思考，但是在幼儿早期就已经出现了对世界的好奇、探索和思考等探究性的活动。幼儿在思考并试图解释自然界中的现象，他们根据过去的生活经验和当前观察到的事实，对自然现象做出自己的判断。幼儿科学探究的实质就是通过他们的感官观察、动手操作和动脑思考，来寻求问题的答案。

科学思考在科学探究中的意义具体表现在以下几个方面。

（1）科学思考能够改进幼儿的思维能力。幼儿在科学思考中能够逐渐学会比较和概括，学习推论和预测，锻炼思维能力，促进探究问题的解决。

（2）幼儿在科学思考中能对获取的信息进一步加工，使之条理化、结构化。科学思考能够帮助幼儿将头脑中杂乱无章的经验进行梳理，组成一定的认知结构，使幼儿获取更加全面的经验。

（3）科学思考能够维护幼儿的好奇心，培养幼儿善于思考的学习习惯。好奇是幼儿的天性，而科学思考能够激发幼儿的问题意识，促使幼儿将好奇心转化为探究活动。

（4）科学思考能够帮助幼儿更加深刻地认识世界。通过积极地思考，幼儿能够将科学经验加以比较、概括，随着概括能力的增长，幼儿开始在各种关系之间建立新的关系，逐渐认识到这个世界的多样性和共同性。

3. 各年龄段的关键经验

表 3-4　3—4 岁幼儿科学思考能力关键经验

关键经验	案　例
对观察到的事物和现象积极思考	观察苹果时联想到和以前吃过的不一样
根据教师的引导，尝试对观察结果提出问题	观察小兔子吃萝卜，思考小兔子还喜欢吃什么

表3-5　4—5岁幼儿科学思考能力关键经验

关键经验	案　　例
根据观察结果提出问题，并大胆猜测答案	根据玩风车的经验，猜测风车转动速度快慢的原因
对事物和现象进行比较和概括，认识到事物的不同和相同	对各种水生动物的观察中，发现它们的不同，同时概括出它们都是水生动物
根据已经获得的资料进行推断、得出结论	在实验的基础上，总结哪些物体在水里是沉的、哪些是浮的

表3-6　5—6岁幼儿科学思考能力关键经验

关键经验	案　　例
根据观察到的现象，结合已有的经验进行合理的推论	根据对大树的根系的了解，推论草的根系及作用
根据过去的经验或逻辑推断，对现象进行解释和预测	能根据过去已有的经验来解释小"潜水艇"的沉浮变化
用一定的方法验证自己的猜测	通过实验操作验证自己对物体沉浮的猜想

4. 指导要点

（1）鼓励幼儿提出问题，用自己的思维方式对问题进行自主思考。不要急于把问题的答案告诉幼儿，以避免变成超越幼儿理解能力的灌输或变相灌输。

（2）要给幼儿足够的思考时间，具体表现为教师提问后要有一定的等待时间，留给幼儿思考的余地。幼儿在表达的过程中，往往思考还在进行，因此，教师要给予幼儿充分的时间进行思考。教师还要给予幼儿充分的讨论、交流的时间，让幼儿相互交流、相互启发。

（3）对幼儿积极动脑思考进行鼓励和肯定，即对幼儿在活动中积极思考、勇于表达以及创造性的行为应给予充分的鼓励，让幼儿体验到科学思考的快乐，而不是简单地以幼儿答对了没有作为评价的标准。

（4）宽容对待幼儿错误的科学思考结果。由于幼儿的思维发展不完善，他们的推理会不合逻辑，他们的解释会不符事实。但是不管怎样，这些都是幼儿自己探索、思考的结果，教师应该用幼儿的眼光去看待它，尽量地采取一种宽容和理解的态度。

（三）表达交流能力

1. 内涵

表达交流能力是指幼儿通过多种方式，将形成的想法和探究的结果进行表征、论述，将科学过程和结论进行总结、传达、分享的过程。表达是为了交流。所谓交流，不仅指科学探究的过程和结果，更指对结果的解释、论证和争论。而后者更突出地体现了探究的本质。在当今，"论证作为一种探究"（argument as inquiry）已经是一种共识。科学不仅是"做"出来的，也是"说"出来的。

表达和交流具有丰富的形式，除了口头的语言表达，还可以采用图画方式或书面方式。幼儿对探究结果的记录也是一种表达的方式，幼儿记录的方式也有多种，既有图画记录，又有表格记录，还有数字记录等。幼儿在科学探究过程中学会运用多种表达和交流的方式，以一种别人能理解的方式进行准确而完整的交流是十分必要的。

2. 在科学探究中的意义

表达交流是幼儿科学探究能力中一项重要的科学技能，如表述观察的结果、交流动脑思考和动手操作的过程和结果等。无论是口头语言还是图像符号的表达，都是科学活动中必不可少的信息交流手段。

表达交流在科学探究中的意义具体表现在以下几个方面。

（1）表达和交流能够强化幼儿的科学经验。幼儿在与他人交流的过程中需要对探究的过程和结果进行解释、论证，对自己的发现进行总结，这一过程本身就是对幼儿科学发现的强化，对科学经验的概括和提升。

（2）表达和交流对幼儿来讲是一种重要的思维过程，能够促进幼儿的思维发展。语言是思维的工具，幼儿通过表达可以对自己的探究过程进行思考，可以在交流中尝试整理和概括自己探究的结果，可以一起讨论和分享自己的问题和发现。

（3）表达和交流能够丰富幼儿的探究发现。通过表达和交流，幼儿不仅可以向别人介绍自己的科学发现，还可以从别人那里得到启发，丰富对于事物和现象的认识，建立事物之间的联系，为进一步的探究打下基础。

（4）表达交流能力能够增强幼儿的自信心。当幼儿能够将探究的过程和结果用自己的方式进行记录，当幼儿能够对探究结果做出自己的解释，当幼儿能够将自己的探究发现分享给同伴，幼儿对科学探究的自信心也在这个过程中逐渐发展和强化。

3. 各年龄段的关键经验

表3-7 3—4岁幼儿表达交流能力关键经验

关键经验	案 例
描述物体的外部特征	描述迎春花的颜色、花瓣、枝条等外部特征
用描述性的词汇对其观察经验进行讨论和分享	用湿的、冷的、白的来描述雪
提取已有经验来进行描述和比较并表达其观察经验	表达、交流周末去动物园的所见所闻
运用语言大胆讲述自己在观察中的发现	愿意对苹果的特征进行讲述

表3-8 4—5岁幼儿表达交流能力关键经验

关键经验	案 例
客观描述所发现的事实或事物特征	描述玩磁铁过程中的发现
概括性地描述一类事物的特征	对一堆有红色、有绿色的苹果概括为：苹果的颜色不同
对现象进行直观、简单的解释	纸花能开放是因为纸吸了水
运用完整的语言讲述并交流自己在观察中的发现	讲述自己所知道的河水污染现象
用图画或其他符号进行记录	将物体的沉浮状况用符号记录

表 3-9　5—6 岁幼儿表达交流能力关键经验

关键经验	案　例
描述事物前后的变化	描述蚕宝宝的生长过程
用叙述性语言来传达信息、提出问题和提供解释	叙述斜面滚球的发现及遇到的问题
对事物和现象进行更多的概括	知道自行车、汽车、飞机等都是交通工具
用准确、有效的语言表达和交流自己在科学活动中的做法、想法和发现	大胆表达自己观察岩石后的发现
用数字、图画、图表或其他符号记录	学习用图画表现种植园地中蚕豆的生长变化
在探究中学习与他人合作与交流	在沉浮的探究活动中与同伴合作，共同讨论实验方法
倾听、理解和评价他人的观点	从别人的讲述中积累有关海洋动物的经验

4. 指导要点

（1）组织幼儿就观察到的现象和探究的结果开展讨论、交流，引导幼儿分析探究中观察到的现象，鼓励幼儿解释探究的结果。当幼儿的解释出现错误时，不要急于纠正，而是把它交给幼儿自己来讨论。

（2）教师要给幼儿更多的机会表达观点，描述客观事实，促使幼儿分清主观和客观，从而提升探究能力。例如，鼓励幼儿说出事物的外部特征，帮助幼儿总结概括共同的特征，建立事物之间的联系，从而帮助幼儿积累对于事物和现象的感性认识和直接经验。

（3）鼓励幼儿倾听他人对科学探究的发现和分享，并引导幼儿将他人的分享与自身的发现进行比较。此外，教师也要对幼儿的观点认真倾听，及时肯定和鼓励幼儿，对幼儿的关键陈述进行重复。

（4）鼓励幼儿用多种方式进行表达交流。除了口头的语言描述，教师还可以引导幼儿将探究的过程和结果用身体动作、图画符号等多种方式进行表达，丰富幼儿对于科学探究的认识。

（四）设计制作能力

1. 内涵

设计是一种有计划的、创造性的心智活动，是满足人类需求的计划与构想。制作是指人们运用相关的知识，选择适当的工具，将材料加工为物品的过程。因此，设计制作能力是指人类运用思维智慧发展计划或方案，并选用适当的工具、材料制成成品，以满足人类需求、改善人类生活的能力。

严格地说，设计和制作不属于科学探究的范畴，而是工程与技术的范畴。设计制作能力是一种技术能力，而不是科学探究能力。正如美国国家科学教育标准中的界定：科学是探究，技术是设计。科学的本质在于认识事物、探究规律，而技术的本质则是解决问题、设计产品，它们是不同的。但考虑到科学与技术活动也不是截然分开的，而在我国当前的话语体系中也没有将两者做严格区分，我们也不再单独提出来，而将设计制作笼统地作为科学探究的一部分。设计制作能力有探究的成分，但更强调的是通过设计和制作解决问题。

2. 在科学探究中的意义

事实上，设计制作的过程与科学探究的过程是类似的，设计制作能力对幼儿的科学探究具有重要的意义。幼儿是"天生的设计师"。幼儿科学探究活动常常包括一些"我怎么能够让纸飞机飞得更高""我怎样才能让风车转起来"之类的问题，可以说幼儿的游戏和探究活动充满了创造、设计、制作。

设计制作在科学探究中的意义具体表现在以下几个方面。

（1）设计制作能力能够提升幼儿的探究能力。设计制作能力虽然不是严格意义上的科学探究能力，却能够有效地激发和增强幼儿的科学探究能力。在进行设计和制作时，幼儿需要运用已有的经验积极思考、不断尝试，统整各项能力，发挥自身的创造力，这个过程就是对幼儿科学探究能力的培养和训练。

（2）设计制作能力能够加深和丰富幼儿对有关科学现象的理解。例如，幼儿自己做不倒翁，在制作的过程中思考"不倒翁怎样才不会倒"的问题，比起在单纯的科学探索活动中玩不倒翁所获得的经验显然要丰富得多。

（3）设计制作能力能够培养幼儿动脑思考的习惯和动手操作的技能。幼儿在设计制作物品时需要积极动脑思考进行设计，需要动手操作进行制作，这个过程能够培养幼儿的科学思考能力，帮助其获得一些具体的制作和操作技巧，使幼儿心灵手巧。

3. 各年龄段的关键经验

表3-10 3—4岁幼儿设计制作能力关键经验

关键经验	案例
探索结构性材料	探索雪花片、积木的玩法
尝试使用简单的工具	学习用推、按、拧等不同方法开手电筒
学习根据自己的目的选择和使用不同的工具和材料	选择用不同的材料装饰小花瓶

表3-11 4—5岁幼儿设计制作能力关键经验

关键经验	案例
利用各种材料，有目的地建构	能够运用积木、瓶子、泡沫等材料进行建构
安全地使用简单工具	安全地使用剪刀制作小物品
学习制作简单的物品	学习选择合适的材料制作简易喷水壶

表3-12 5—6岁幼儿设计制作能力关键经验

关键经验	案例
按照程序进行制作	根据纸浆造纸的程序尝试制作纸张
正确、适当地使用简单的工具和技术	使用小锤子、螺丝钉接合木板
选择合适的工具和材料，运用多种物体进行建造和建构	运用多种材质的物品，通过剪、拼、钉、粘贴等方式组合，为娃娃制作房子
选择所需要的工具、技术对已有的材料进行设计和操作	使用工具刀切割泡沫板
为制作的物品设计简单的外观造型	设计不倒翁的外观

4. 指导要点

（1）支持幼儿的想法，提供丰富的材料。这里的材料既指制作的原材料，也指制作中必需的或可能需要的工具。一方面，教师提供的原材料应该是多种多样的，让幼儿自由探索和选择；另一方面，教师提供的材料也要考虑到幼儿的能力水平和年龄特点，尽量提供半成品的材料。

（2）引导幼儿认识和使用简单的工具。工具是人手的延伸，是技术的物化形式。设计制作能力的发展需要让幼儿学习使用生活中常用的工具，了解工具的用处。可以让幼儿尝试使用小剪刀、小锤子，也可以让他们学习使用榨汁器、订书机等。这不仅发展了幼儿的操作技能，更使其获得了技术实践的机会，辅助幼儿的设计制作能力发展。

（3）鼓励幼儿自己探索制作的方法和技巧。教师要给幼儿主动探索的空间，让幼儿自己去尝试，通过个人的经验（即使是失败的经验）来学习，而不是向幼儿灌输设计制作的技能技巧。

（4）引导幼儿积极构想，肯定幼儿的想法。教师作为幼儿科学学习的引领者和指导者，要引导幼儿思考物体是如何运作的，什么样的材料是最合适的，同时鼓励幼儿坚持他们自己的想法。

第二节　核心科学概念

当今幼儿生活在信息化、全球化、网络化的时代，各种科学内容充斥于生活的各个方面。因此，幼儿周围世界中充满了他们可以去探索和学习的内容，而幼儿好奇、好问、好探索的特点又形成了他们不断自发探索和学习的动力。在幼儿园课程领域中，科学领域的教育内容极其广泛，这既为教师开展科学教育提供了广阔的空间，也向教师提出了如何选择教育内容的问题。

那么面对无时不有、无处不在、丰富多彩的教育内容和积极主动探索学习的幼儿，作为教师应当怎样为幼儿选择学习内容呢？

从国际科学教育发展趋势来看，目前已经取得的一个基本共识就是，科学教育的内容应该是"一英里深、一英寸宽"，而不是"一英里宽、一英寸深"。也就是说，科学教育的内容应该少而精，应围绕核心的科学概念来组织学习内容，让学生进行有深度的学习。这一点在美国2013年颁布的《新一代科学教育标准》中得到充分体现。

所谓核心科学概念，是学科中的关键概念，具有重要的课程、教学和评价的功能，在学科中占据重要的位置。美国《新一代科学教育标准》中认为核心概念应该至少满足以下条件中的两条。

（1）能跨越多门学科或工程领域的、具有明显重要性的概念，或是一个具体学科知识组织中的关键概念。

（2）能提供理解和研究更复杂的概念和解决问题的关键工具。

（3）能与学生的兴趣和生活经验相关，或能连接需要科学和技术知识的社会或个人问题。

（4）通过增加深度和复杂性，能在持续的多个年级中教和学。

从上述选择条件中可以看出，核心概念具有多方面的特性。首先，核心概念具有重要的学科意义，能够反映学科最基本的结构，在学科中具有代表性。其次，核心概念具有广泛的解释能力，是一种强大的解释模型。幼儿的科学学习不仅仅是获取具体的知识，更是获得具体知识背后的核心概念，获取围绕核心概念建构的知识体系和模型，并能够运用核心概念解释自然现象和解决生活中的问题。最后，核心概念具有螺旋上升性，体现了学习进阶。核心概念能够从幼儿园贯穿到高中，随着年级的增高，同一核心概念所涉及的难度和复杂度都在逐渐增加。

从科学学习的特点来看，幼儿对科学知识内容的掌握是一个不断深入和复杂的思维过程。学习进阶（learning progression）就是对学生连贯且逐渐深入的思维方式的描述。当我们学习和研究某一方面的内容时，思维方式会在较长的时间跨度内依次进阶，螺旋上升。

学习进阶对于幼儿的科学学习具有重要的意义，它就是基于儿童认知发展的规律，围绕核心概念建构起来的一条学习经验的线索。一方面，学习进阶使得幼儿的科学学习具有连贯性和系统性，能够帮助幼儿进行有效的认知建构，促进幼儿逐渐形成完整系统的概念结构网，有利于日后形成系统完整的科学概念，帮助幼儿建构宏观的知识框架。另一方面，学习进阶将知识内容形成连贯的体系，这种连贯的知识体系能够帮助幼儿组织、建构和扩展对于科学的理解。学习进阶开端于幼儿时期，这个过程可能会持续幼儿的整个基础教育阶段，甚至是一生。

例如，在幼儿阶段，幼儿对抽象的科学概念是难以理解的。根据知识的抽象性，知识可以分成三个层级：经验层次、概念层次和理论层次。从知识的层级来看，幼儿阶段主要是科学经验，而不要求他们掌握和理解抽象的科学概念和原理。科学经验既是幼儿科学学习的过程，也是幼儿科学学习的结果。科学经验是与具体事物和现象联系在一起的，离开了具体的事物和现象不可能获得这些经验。科学概念的形成是建立在丰富的科学经验基础上的。因此，我们应该为幼儿提供充分的科学学习经验，同时也要引导幼儿注意知识间的连续性，为将来形成科学概念和构建科学知识体系打下基础，帮助幼儿建构对核心概念的理解。

总之，以学习进阶为经，以核心科学概念为纬，是构建科学教育内容体系的两个密不可分的维度。

核心科学概念能够串联起幼儿科学学习的主线，使各个层次和各个方面的知识有机地联系起来，既避免了知识的冗杂，又凸显出重要的内容。学习进阶以核心概念为出发点和节点，是帮助幼儿掌握核心概念的有效路径。可以说，核心概念在幼儿的科学学习进阶中起到了中心支架的作用，而反过来，学习进阶则是掌握核心概念的重要途径。

在实践中，有些教师对科学教育的核心概念还存在一定的误解。许多教师误认为所有的科学内容都要从核心概念出发，这是对核心概念理念的误解。幼儿的生活中充满了各种探索，围绕核心概念来组织科学教育内容是为了避免关键内容的缺失。因此，在科学教育中，教师一方面要把握幼儿科学学习的核心概念，在早期帮助幼儿建构科学的学习进阶，为后续的学习打下坚实的基础；另一方面，教师也不应该回避其他方面的有价值的科学教育内容。只要内容是符合幼儿的生活经验和探究兴趣，都可以进行尝试。

本节将从生命科学、物质科学、地球与空间科学三大核心概念出发，梳理各个年龄段幼儿的关键经验。

一、生命科学的核心概念与关键经验

自然界的动物对幼儿具有极大的吸引力，不论屋檐下慢慢爬行的小蜗牛，还是花坛里圆圆的西瓜虫，抑或是色彩斑斓的蝴蝶，都能让他们兴奋不已。幼儿对自然界植物的好奇心也从未减少，草地上开放的小花，草丛里散落的松果，石缝里钻出的小草，都让他们惊喜不已。这种对生命的好奇心能够吸引幼儿仔细地观察、比较和探究。他们会说"这个叫什么名字?""它为什么长了好多腿?""它吃什么呢?""它会飞吗?"

幼儿对生命概念的理解是通过生活中对动植物的接触而逐渐建立的。他们能够了解生物的基本特征，如小狗是什么样子的；了解生物的基本需求，如要给盆栽浇水；了解生物的简单行为，如动物都要吃东西；了解生物的生命周期，如小蝌蚪会变成青蛙；了解生物的多样性，如树叶有各种各样的形状；了解生物与环境的相互作用，如植物能够美化环境。对不同年龄阶段的幼儿来说，上述每一部分幼儿所能理解和获得的关键经验是不同的。例如，小班幼儿还没有充分建立起对生命与环境相互作用的概念，对生物和环境的相互作用只有最浅表和模糊的认识。

对生命科学的概念的学习可以从幼儿园贯穿到高中及以后。以生物的遗传概念来看，在幼儿时期，幼儿可能意识到动物的宝宝和它们的妈妈长得很像，但是又不完全一样。随着年龄的增长和学习的推进，到了高中阶段他们逐渐能够了解生物的遗传机制和原理。

以下将围绕生命科学这一核心概念，从生物的身体特征、生物的基本需求、生物的简单行为、生物的生命周期、生物的多样性、生物与环境的相互作用这六个方面展开，具体介绍各个年龄段幼儿适宜的关键经验。

（一）生物的身体特征

动植物有各自的特征，很小的孩子首先会关注到生物的外部特征，包括颜色、形状、大小等。例如，小兔子的眼睛是红红的，尾巴是小小的。随着年龄的增长，幼儿开始关注到生物的内部特征，关注生物的组织结构，逐渐能够理解生物形态和功能之间的联系，思考生物的不同组成部分在满足其自身需要中的作用。例如，鸭子有大大的脚蹼，能够在池塘里浮游；蚯蚓有细长柔软的身躯，能够在泥土里钻来钻去；丝瓜长了许多弯曲的藤蔓，能够顺着竹竿向上爬。

幼儿对生物的最初认识建立在对生物自然特性观察的基础上。通过观察真实的生物，幼儿可以认识常见生物的典型特征。这种对生物的观察一开始会集中在一两个典型的、突出的特征上。随着学习的深入，幼儿不仅可以观察到典型特征，而且可以对生物的特征进行比较，描述更为丰富的多种特征。

1. 3—4 岁幼儿适宜的关键经验

（1）辨别各种动物和植物的基本、外显特征（如颜色、大小和形状）。

（2）知道生物是由不同的部分组成的（如植物有根、茎、叶子）。

（3）认识人体的外部特征及各部位的作用（例如，嘴巴吃东西、耳朵听声音）。

2. 4—5 岁幼儿适宜的关键经验

（1）辨别和比较动物和植物的特征（除了颜色、大小和形状之外的特征）。

（2）知道生物的不同组成部分对生物有不同的作用（例如，兔子的长腿有助于其跳跃）。

（3）开始理解植物也是生物，而一些会动的东西不是生物（例如，玩具小汽车是没有生命的）。

3. 5—6 岁幼儿适宜的关键经验

（1）能理解生物的结构和功能之间的关系（如植物的根的作用）。

（2）开始理解人体内部（例如，跑动的时候心脏跳动得更快，大脑是用来思考的，肌肉帮助自己扔球）。

（3）比较两种或者更多种生物的相似性与不同点。

（4）能区分生物和非生物。

（二）生物的基本需求

生物为了满足自身生长发展的需要，具有基本的需求。大多数植物的生长离不开水分、空气和阳光。动物需要食物、水、空气以及拥有一个安全的住所，人也不例外。生物的需求需要被满足才能维持生命，否则就会死亡。例如，动物需要吃各种食物来补充自身的体力。

生物有各种各样的需求。有一些需求是生物共同的基本需求，如对水分的需求。而有些需求是有差异的，这种需求的差异性不仅体现在动植物之间，不同种类的动物之间、不同种类的植物之间也有着各自不同的需求。如动物可以分为食草性、食肉性、杂食性动物，即有的动物需要吃肉来维持生命，而有的动物吃草就可以维持生命；植物有喜阴的、也有喜阳的，有些植物在阳光充裕的地方可以长得更好，而有些植物则可能枯萎。

在植物角的种植活动和在动物角的饲养活动都能够为幼儿提供有关生物基本需求的相关经验。通过日常的观察和对动植物的照料可以帮助幼儿了解到生物的基本需求及其具体需求上的不同。

1. 3—4 岁幼儿适宜的关键经验

知道生物有各种需要。

2. 4—5 岁幼儿适宜的关键经验

（1）开始理解所有动物需要食物、水和居所。

（2）知道植物需要水、光线和土壤。

（3）了解动物和植物的需求需要得到满足，否则就会死去。

3. 5—6 岁幼儿适宜的关键经验

（1）知道有些需求对所有的动植物都是基本的。

（2）理解各种植物和动物满足其基本需要的不同方法。

（3）初步了解人对环境的需要（如食物、空气和水）。

（三）生物的简单行为

生物具有各自特定的行为方式，生物的行为是其适应生存环境的手段，能够帮助生物适应复杂多变的环境。生物的行为是多种多样的，各种行为的目的是获取基本的需求以促进自身的生长和发展。生物的每种行为都有不同于其他行为的特点，具有不同的目的和作用。以动物行为来看，动物行为的主要类型有觅食行为、迁徙行为、防御行为、繁殖行为、社群行为等。觅食行为可以帮助动物获取生存所需的食物，防御行为和繁殖行为有利于种群的生存和繁衍。植物虽然不会运动，但是它们也呈现出一定的行为模式，如大多数的植物会呈现向光性，即向有光的方向生长。

在日常生活中，幼儿可以通过观察了解生物的多种行为。例如，在饲养角观察小兔子吃萝卜；发现小乌龟会在被触碰时把头和四肢缩进壳里。除了直接的观察，阅读和讨论也可以为幼儿提供有关生物简单行为的相关经验。教师可以引导幼儿进行讨论交流，表达自己的想法，加深对生物行为的理解。

1. 3—4 岁幼儿适宜的关键经验

知道生物有各种各样的行为（如觅食行为、自我保护行为等）。

2. 4—5 岁幼儿适宜的关键经验

（1）知道生物的行为具有差异性。

（2）知道生物依赖自己的行为去获取基本的需求。

（3）了解植物不能像动物那样到处移动，但是能对周围环境做出反应（如植物生长的向光性）。

3. 5—6 岁幼儿适宜的关键经验

（1）知道动物的运动与其所处的环境和自身的特征相关（例如，蚯蚓能够在泥土中钻来钻去）。

（2）初步了解生命体个体的行为会受到内部提示（如饥饿）和外部提示（如环境的变化）的影响。

（四）生物的生命周期

生物的一生都要经历出生、生长发育、繁殖、死亡等时期，这些时期构成了生物的生命周期。生命正是在这种周而复始的周期中不断得以延续。虽然所有的生物都会随着时间的推移而发生变化，但是在漫长的进化过程中，生物生长变化的速率不一，生命周期长短是各不相同的。例如，蜉蝣的寿命一般不超过一天，而海龟则可以生存上百年。生物的生命周期的变化方式也是不同的，不仅植物和动物的生命周期有很大的差异，动物之间的差异也较大。例如，作为被子植物的小麦，其生命周期包括种子的萌发、植株的生长发育、开花、结果、衰老和死亡；哺乳类动物一般要经历胚胎期、哺乳期、生长发育期等各个阶段；而两栖动物青蛙的生长则需先从受精卵慢慢变成黑色的小蝌蚪，小蝌蚪逐渐长出两条后腿，再长出两条前腿，尾巴慢慢地变短并消失，最终才能够变成小青蛙。

在日常生活中，幼儿会有一些培育植物、饲养动物的经验，这些经验可以让幼儿感受到生命的历程以及不同生物其生命周期的长短与细节的不同，进而丰富幼儿关于生命的理解与思考。例如，幼儿会发现蚕宝宝会逐渐长大结茧，黄豆种子可以发芽并长成一株植物，甚至他们也能发现自己身体的变化，从小班到大班身体长高了，要开始换牙了。

1. 3—4 岁幼儿适宜的关键经验

（1）知道动物和植物都会不断变化（例如，小兔子会长大）。

（2）能将生物的特征与年龄建立联系（例如，老爷爷的头发是花白的）。

2. 4—5 岁幼儿适宜的关键经验

（1）感知并描述部分生命周期。

（2）发现动物和植物都经历了出生、生长和发育、繁殖、死亡的过程。

（3）体会他们自己曾经是婴儿，将会长大。

3. 5—6 岁幼儿适宜的关键经验

（1）感知不同生命体的周期长短和细节是不同的。

（2）根据观察，感知和描述植物与动物的生命周期。

（3）通过观察和比较，发现动物、植物和它们的亲代是非常相像的。

（4）初步了解自己家庭成员涉及的关于人的生命周期的现象。

（五）　生物的多样性

自然界的生物种类繁多，千差万别。根据生物的相似性和不同可以将生物进行区分和分类，各种生物具有不同的自然特性、基本需求、行为方式及生命周期。幼儿会发现我们的周围既有高高的树、也有矮矮的灌木；同样是树叶，既有圆圆大大的，也有长长细细的；有的植物能够开花，而有的植物不会。动物也是各不相同的，有的小动物有四条腿，而有的只有两条腿；有的小动物长得小小的，而有的长得又高又大；有的动物会飞，有的动物可以在水里游泳。

不同年龄的幼儿可以观察了解不同的生物。小班幼儿可以选择他们熟悉的、比较典型的动物、植物，如果是动物必须是比较温顺的。中班幼儿可以选择一种以上的对象观察，让其在观察的基础上进行比较。对于大班幼儿，则可不限于观察真实的对象，可利用图片、录像等形式，让幼儿初步了解生物的多样性。对于幼儿来说，他们能够区分常见的生物。例如，幼儿会知道一种鸟和另一种鸟是相似的，一种鱼和另一种鱼是相似的，而鸟和鱼是不同的。教师可以鼓励幼儿根据一些明显的特征对常见的生物做粗略的归类，比较它们的相似与不同，更好地体会生物多样性的特点。

1. 3—4 岁幼儿适宜的关键经验

（1）感知周围的动植物是多种多样的。

（2）开始理解在相似的环境中，可以找到相似的生物（例如，根据已有的经验或观察，期望在池塘里找到青蛙、鱼或者水草）。

（3）对生物进行基本的比较（如哪个更高、更快等）。

2.4—5 岁幼儿适宜的关键经验

（1）感知和体会自然界中的生物是多种多样、千差万别的。

（2）观察生物之间的相同点、不同点。

（3）尝试对不同物种或同一物种进行概括（例如，大多数植物有绿叶；燕子、海鸥和鹦鹉都是鸟）。

3.5—6 岁幼儿适宜的关键经验

（1）根据生物的相似性和差异性将其分类。

（2）感受不同植物和动物的多样性和变化（例如，不同植物的叶子有不同的形状）。

（3）观察和了解同一种生物也具有细微的差别（例如，同一棵树的两片叶子不是完全相同的）。

（六）　生物与环境的相互作用

地球是一个生态圈，生物和环境是相互作用和影响的。生物与环境的相互关系表现在两个方面，一方面各种生态因素会对生物产生影响，这些生态因素包括非生物因素和生物因素。水、空气、温度等都是非生物因素，如季节的变化会导致部分动物迁徙或者冬眠。动物、植物、人类的活动都是生物因素，如动植物之间的共生关系，人类对动植物资源的利用和保护；另一方面，生物与环境的相互关系还表现在生物对于环境的适应和影响。生物对环境的适应有利于自身的生存和发展，如仙人掌对沙漠缺水环境的适应，北极熊有厚厚的脂肪来抵御极地的严寒。生物对环境的影响是双向的，既可以促进环境向良性发展，如植树造林改善环境；也会因破坏环境使其恶化，如虫害、外来物种的入侵以及人类的不合理行为等。

基于对生物的观察和不断地学习，教师要逐渐引导幼儿关注到生物与生物之间、生物与环境之间是相互依存的，并逐渐理解人类需要保护动植物、保护生态环境，培养幼儿从小懂得人和自然环境中的事物是朋友的关系，从小关注周围的环境，保护周围的环境。

1.3—4岁幼儿适宜的关键经验

（1）发现动物与植物需要环境中的水、空气和光才能得以生存。

（2）感受动植物与人们的生活是相关的。

2.4—5岁幼儿适宜的关键经验

（1）体会生物要依赖其他生物和非生物来满足自身的需求。

（2）开始思考生物、生物的需要及其生活环境之间的关系。

3.5—6岁幼儿适宜的关键经验

（1）感知和体会生物会引起它们所生存环境的变化（例如，植树改善沙尘环境）。

（2）体会环境的性质对生物行为模式的影响。

（3）初步感知动物的生存离不开植物。

（4）运用个人对生命需要的理解，为动植物设计生存环境（如种植植物）。

（5）初步感知和理解动植物的外形特征、习性与生存环境是相互适应的。

（6）感知和体验人类的生存依赖于自然环境和人为环境。

二、物质科学的核心概念与关键经验

我们生活在一个物质的世界中，周围的物质和材料具有丰富的种类，不同的物质具有各自的特殊性质，物体的位置可以被改变，并具有自身的运动方式。此外，生活中还充满了声音、光影、电磁等常见的物理现象。

当幼儿用手触摸粗糙的砂纸，当幼儿把黏土揉成球形，当幼儿在水池边愉快地玩耍，他们已经在感知物质与材料的特性了；当幼儿把皮球滚来滚去，当幼儿用力把玩具小汽车推出去，当幼儿在跷跷板上玩耍时，他们已经开始注意物体的位置和运动了；当幼儿欢快地大声喊叫，当幼儿在阳光下追逐同伴的影子，当幼儿专注地摆弄磁铁的玩具，他们已经与声、光、电、磁、热产生了交集。

物质科学蕴含着丰富的基本原理和物理定律，如力学定律，声、光、电、磁、热的基本原理等。关于物质科学的探究并不是要让幼儿了解其中的科学原理，而是通过各种活动，帮助幼儿积累关于物质科学的丰富经验，为其日后的学习打下基础。

以下将从物体与材料的特性、物体的位置和运动、声光电磁热等物理现象这三个方面展开，具体介绍各个年龄段幼儿适宜的关键经验。

（一）物体与材料的特性

物体与材料具有不同的特性，包括形状、大小、颜色、轻重、质地等。物体有固态、液态和气态三种常见的状态。了解物体和材料的基本性质是幼儿对于事物性质和变化进一步学习的重要基础。幼儿可以通过感官感受和描述同种状态的物体的不同，如有的固体是硬硬的，而有的是软软的；可以发现同类物质的相似性，如液体都会向下流淌，液体的形状随着容器而改变；可以发现不同状态的物体特性的差异，液体能够流动，而固体不能。

天生的好奇心促使幼儿通过感知、观察和操作周围环境的物体和材料来不断地探究世界。幼儿在摆弄这些物体和材料的过程中，能够认识物体和材料的基本特征，了解物体和材料的形成与变化，在与物体和材料相互作用中积累丰富的经验，形成科学探究的能力，从而建构起自己关于物质世界的理论。教师要为幼儿提供大量感知物体和材料性质的机会，为他们今后的学习奠定丰富的感性基础。

1. 3—4 岁幼儿适宜的关键经验

（1）感知物体和材料具有软硬、光滑和粗糙等特性。

（2）在操作中发现液体会流动。

（3）感知液体的颜色、味道不同。

（4）尝试将不同的液体进行混合。

2.4—5 岁幼儿适宜的关键经验

（1）根据物体的特性区分物体。

（2）发现物体的性质会影响其运动（例如，圆的球会滚动）。

（3）发现材料的性质会发生改变（例如，将红色和黄色颜料混合变成了橘黄色）。

（4）了解物体的特性是可以测量的。

（5）认识到液体总是向下流淌。

（6）感知和体验材料具有溶解、传热等性质或用途。

3.5—6 岁幼儿适宜的关键经验

（1）感知物体的结构与功能之间存在的关系。

（2）发现材料的特性可以通过某种途径进行改变（如加热、冷冻、混合、折弯）。

（3）发现不同材料的特性通过不同的方式可以进行改变。

（4）发现材料有不同的存在状态：固态、液态和气态（如水的三态变化）。

（5）使用简单的工具对物体的性质（如大小、重量、温度等）进行测量和比较。

（二）　物体的位置和运动

运动是物质存在的基本形式。波光粼粼的水面、随风摇曳的树木、摆动的钟锤，生活中的物体有着各种各样的运动方式。在幼儿很小的时候，让一个无生命的物体动起来会让他们兴奋不已，他们会一遍又一遍重复地把物体丢到地上，听到敲击地面发出的声响后，发出咯咯的笑声。这是幼儿对物体位置和运动的最早感知和尝试。随着年龄的增长，他们逐渐能够意识到物体的运动方式是千差万别的，有的速度很快，如飞驰的高铁；有的比较慢，如用手推一个重重的木头柜子。

力是物体间的相互作用，是我们日常生活中常见的自然现象。力和运动之间有密切的关系，力可以改变物体的位置和运动状况。重力、浮力、弹力、摩擦力等都是常见的力的类型。对于幼儿来说，他们虽然不知道这些力的性质，但在生活中却处处和力打交道。例如，玩具小鸭子能够浮在水面上，皮球能够从地上弹起来再落下去，在结了冰的地面上走很容易滑倒等。我们让幼儿探索力，不是让他们学习各种力的概念，而是启发幼儿探索和思考日常生活中的这些经验，从平常的事情中发现其规律性。

在幼儿园中，玩具宝宝车、跷跷板、各种球都能让幼儿发现物体的运动及位置的变化。教师还可以为幼儿提供具有斜面、轮轴、滑轮等简单机械的操作材料，引导幼儿进一步了解和认识机械的作用。

1. 3—4 岁幼儿适宜的关键经验

（1）感知没有生命的物体自己不会动，需要被推、拉、扔或其他作用于它的动作才会动。

（2）初步感知和体会推或者拉可以改变物体的位置和运动状况。

（3）感知不同的物体放在水里，会产生不同的结果。

2. 4—5 岁幼儿适宜的关键经验

（1）发现物体的形态或位置会发生变化。

（2）尝试采用不同的方式让物体运动。

（3）感知和体会物体的运动可以被阻止。

（4）发现物体在不同光滑程度的平面上，运动的快慢会不同。

3. 5—6 岁幼儿适宜的关键经验

（1）感知物体有多种运动方式（如直线运动、圆周运动）。

（2）发现物体的运动方式是可以被改变的。

（3）发现影响物体运动的因素有多种。

（4）感知物体的运动状态会随着外界条件的改变而发生变化（例如，改变斜坡，让球滚得更远）。

（5）探索各种机械，发现机械的作用。

（6）进一步探索各种力的现象（如浮力、摩擦力、弹力等）。

（三）声光电磁热等物理现象

声光电磁热都是能量的表现形式，与幼儿的生活有着密切的联系。声音是由物体振动产生的，生活中充满了各种各样的声音，如悦耳的音乐、马路上的汽笛声、商场里喧闹的人声。幼儿自出生起就能够对外界的声音做出反应，声音是幼儿最初了解世界的重要信息来源。

光由一种被称为光子的基本粒子组成，同时也是一种波。光可以在真空、空气、水等透明的物质中传播。孩子很小就有对光的经验，关于光影现象的探究活动能够为幼儿日后学习光的发生和传播原理奠定基础。

电是一种自然现象，是一种能量。自然界的闪电就是电的一种现象。随着科技的发展，电在我们生活中的作用也越来越大。幼儿的生活也离不开各种和电有关的物品，如家用电器、电动玩具等。我们不能因为电有危险就禁止幼儿接触和探索电的现象，相反要进行适当的有关电的知识教育，使其了解电的作用和危险。这样既满足了幼儿的好奇心，又预防了事故。

磁性是物质响应磁场作用的属性。磁现象的神奇魔力对幼儿有着极大的吸引力，幼儿在对磁铁等磁性材料的摆弄过程中能够激发和满足其科学探究的好奇心。

热也是能量的一种形式。幼儿对于热的生活经验比较多，例如，热水放置一会儿会变冷；冬天天气冷要保暖等。虽然热的现象较难进行探究，但是教师可以结合幼儿的生活经验，引导幼儿感受物体的冷热，讨论冷热转换的方法等。

1. 3—4 岁幼儿适宜的关键经验

（1）感知自然界各种不同的声音。

（2）体验不同的声音代表不同的意义。

（3）感知不同的物体会发出不同的声音。

（4）感知光有明暗（亮度）。

（5）发现光有不同的来源。

（6）发现光能够产生影子。

（7）感知磁铁能够吸铁。

（8）感知有的物体热，有的物体冷。

2. 4—5 岁幼儿适宜的关键经验

（1）感知声音的不同特性，可以是高的或者轻柔的（音量），可以是尖锐的或者低沉的（音调）。

（2）尝试改变声音的特征（如让鼓更响）。

（3）探索各种能让物体产生声音的方法。

（4）感知声音可以通过物体传播。

（5）探索光和影子的关系。

（6）尝试改变影子的特征（如让影子更长）。

（7）感知静电现象。

（8）体验热的物体会变冷，冷的物体会变热。

（9）感知磁铁之间具有相互作用。

（10）感知热可以通过多种方式产生（如燃烧、摩擦）。

3. 5—6 岁幼儿适宜的关键经验

（1）发现声音的特征（如音量、音调）与声音的来源有关。

（2）感知噪声的产生及危害。

（3）感知光的亮度取决于光源和光源的距离。

（4）发现影子的大小和形状与物体和光源的位置有关。

（5）体验光对生活的重要性。

（6）感知简单的电路。

（7）感知电器在日常生活中的用途。

（8）尝试使用常见的电子产品。

（9）感知磁铁可以互相吸引或者相互排斥，也可以吸引或排斥某些其他材料。

（10）体验磁铁在生活中有广泛的应用。

（11）知道热可以在物体之间相互传递。

三、地球与空间科学的核心概念与关键经验

浩瀚的星空充满了无限的奥秘，广袤的大地也蕴含着无穷的未知。关于地球与空间科学的研究是科学探究中较为复杂的方面，然而人类对地球与空间科学探究的脚步从未停止过。对于幼儿来说，这种好奇心也是与生俱来的。幼儿对地球的物质充满了好奇，对天气和气候的变化感到欣喜，对天空充满了向往。他们会问"这是什么石头？""沙子可以做什么？""明天会下雪吗？""天上为什么有星星呀？""太阳是一个大火球吗？"

虽然关于地球和空间科学的知识涉及地质学、气象学、天文学等多重学科的内容，且往往和各种复杂概念相关，但是幼儿的生活中处处充满了与之相关的探究内容，如不同颜色的土壤、昼夜的不断更替、太阳的东升西落。对于幼儿来说，关于地球和空间科学领域的探究不是为了知道各种深奥的学科知识，而是能够结合日常的生活经验，积累关于地球和空间科学的经验。

以下将围绕地球与空间科学这一核心概念，从地球物质的特性、天气和气候、太阳与月亮的活动、地球与人类的活动这四个方面展开，具体介绍各个年龄段幼儿适宜的关键经验。

（一）地球物质的特性

地球的物质包括岩石、沙、土壤、水分、空气等。这些物质随处可见，与地球的生物共同组成了地球的生态系统。

对地球物质特性的探究可以和生命科学、物质科学的学习相结合。例如，在日常玩沙、玩水的游戏活动中，幼儿能够了解沙子的特点，感受水的无色、无味、透明的特性，探索一些和水有关的物理现象。在感知和探究的基础上进一步了解沙、石、土在日常生活中的用处，通过讨论交流让幼儿认识到土

壤和动物、植物乃至和人类的关系，水对于生命的重要性，知道要珍惜土壤，保护水资源。

教师要通过具体的活动，拓展幼儿的经验。例如，对于看不见、摸不着的空气，可以引导幼儿通过探索空气的流动（风）、充气等和空气有关的现象，以及空气污染的现象来增强幼儿对空气的感性体验。

1. 3—4 岁幼儿适宜的关键经验

（1）知道地球上有很多物质，包括岩石、土壤、水分、大气等。

（2）认识到我们周围有空气，空气是看不见、摸不着的。

（3）了解沙、石、土、水的基本特征（如土壤的颜色、软硬等）。

2. 4—5 岁幼儿适宜的关键经验

（1）能够描述沙、石、土、水、空气的类型和特点（例如，水是透明的、可以流动的）。

（2）知道地球物质具有不同的用途（例如，石头可以用来建造房子）。

3. 5—6 岁幼儿适宜的关键经验

（1）理解沙、石、土、水具有不同的种类，不同种类的特性存在差异（例如，能理解岩石的形状、软硬、纹理不同）。

（2）初步理解地球物质对于人和动物、植物生存的重要性（例如，水和空气对生命的意义）。

（二）天气和气候

天气和气候的变化是自然界的常见现象。万物复苏、充满生机的春天，阳光明媚、酷热多雨的夏日，秋风萧瑟、落叶飘飘的秋季，寒风阵阵、冰天雪地的冬日。天气的变换、季节的轮回带给幼儿关于生活、关于时间、关于生命的最初理解。小班幼儿对季节变化的认识还存在困难，但是他们已经能够初步感知和体验天气对自己生活和活动的影响。随着幼儿年龄的增长，他们逐渐能够发现不同季节的特点，了解季节的周期变化，知道季节变化对人类和动物、植物的影响。幼儿观察和了解天气、气候和季节现象，对于认识自己所生活的环境，主动地适应环境，以及保护身体的健康都有重要的意义。

对天气和气候学习的一个重要方式是鼓励幼儿进行记录天气的活动。通过天气记录表，可以使幼儿养成系统记录的习惯，对天气变化记录的比较、分析和统计能够帮助幼儿了解和思考天气与季节的变化规律。此外，教师还可以鼓励幼儿观察与天气和气候相关的现象。例如，春夏季草丛里有各种昆虫，而秋冬季则几乎没有；春天树上会长出新的叶子，而秋天叶子就会枯萎飘落，帮助幼儿更好地了解天气和气候对生态的影响。

1. 3—4 岁幼儿适宜的关键经验

（1）感知各种天气现象（如阴、雨、晴）。

（2）感知和体会天气是会变化的。

（3）体验常见的天气、气温的变化（如下雪天寒冷、晴天温暖）。

（4）学习使用常见的表示天气的词汇（如雨、雪、晴）。

2. 4—5 岁幼儿适宜的关键经验

（1）感知各种天气现象及其特点（如不同天气时的云的形态）。

（2）了解四季的名称。

（3）感知季节是不断变化的。

（4）发现不同季节有各自的特点。

（5）感知各个季节的典型特征（如秋天叶子落了）。

（6）体验和发现周围的环境在每个季节的变化。

（7）感知和体验不同季节的有特色的天气状况（如春天的风、夏天的雨、冬天的雪等）。

（8）发现季节对动物、植物和人的影响。

3. 5—6 岁幼儿适宜的关键经验

（1）感知每天的天气都会变化。

（2）感知天气模式随着季节变化。

（3）体验四季的变化顺序。

（4）体验季节变化的周期性。

（5）知道天气可以通过相关测定的量来表示（如温度、风速、风向等）。

（6）初步体会和了解不同季节与动物、植物的关系。

（7）初步感知和理解季节变化与人类生活的关系。

（三）太阳与月亮的活动

太阳和月亮距离我们十分遥远，然而太阳和月亮与我们日常生活的距离并不遥远。由于幼儿能够看到太阳和月亮，并且能够感知到太阳和月亮对自己的影响。例如，幼儿知道太阳出来天就会变亮，阳光照在身上暖暖的。所以，幼儿也可以学习与太阳、月亮相关的内容。

为什么太阳有时候看起来很大，而有时候很小？为什么月亮有时候像圆圆的月饼，有时候像弯弯的香蕉呢？幼儿对太阳和月亮充满了好奇，但他们对太阳和月亮的认识还存在着一些迷思，比如幼儿会以为太阳落山是太阳公公回去睡觉了。对于幼儿来说，虽然理解太阳和月亮运动变化的原因是有难度的，但是教师可以引导幼儿观察太阳、月亮的位置和形态变化，鼓励幼儿采用定期记录的方式记下每次的观察情况，使幼儿逐渐注意到太阳和月亮的运动规律。

1.3—4 岁幼儿适宜的关键经验

（1）认识到太阳和月亮存在于天空中。

（2）知道太阳和月亮的位置是不断变化的。

（3）知道和使用与天空特征有关的词汇（如太阳、月亮、星星、云）。

2.4—5 岁幼儿适宜的关键经验

（1）知道太阳和月亮每天都在运动。

（2）了解月相是不断变化的（如月亮有时是圆的、有时是弯的）。

3.5—6 岁幼儿适宜的关键经验

（1）通过观察知道太阳和月亮的基本运动模式。

（2）知道太阳提供了保持地球温度所需的光和热。

（四） 地球与人类的活动

地球是人类的家园，自从人类诞生以来，地球就与人类的活动息息相关。在漫长的发展时间里，地球本身经历了巨大的变化，缔造了巍峨的山川、肥沃的平原、深蓝的大海，并且这种变化还在继续。地球的变化深刻地影响着人类的文明进程。随着人类文明的发展，特别是近代工业的发展，人类对自然环境的污染与破坏也深刻地影响了地球的生态系统。今天的人们已经认识到地球和人类的密切关系，担负起保护地球的重任。

借助书本和媒体，一方面幼儿可以初步了解到地球的表面在环境的作用下会发生不断的变化，这些变化会影响人类的生活。例如，受到侵蚀和风化的影响，以及自然灾害对人类产生的影响。另一方面，幼儿也需初步了解人类的活动也会影响地球。例如，人类的不合理开发和工业的污染带来了沙尘、雾霾等空气污染。关于这部分内容的学习能够激发他们探究地球的兴趣和好奇心，促使他们关注地球、热爱地球、保护地球，意识到保护地球的重要意义，从小树立生态意识、环保意识。

1. 3—4 岁幼儿适宜的关键经验

（1） 知道人类生活在地球上。

（2） 感知和体验天气对自己生活和活动的影响。（例如，会想"下雨了，我不能出去玩"）

2. 4—5 岁幼儿适宜的关键经验

（1） 知道地球的物质提供了人类使用的多种资源。

（2） 知道人类的生活离不开空气。

（3） 体验季节对自己生活和活动的影响。

3. 5—6 岁幼儿适宜的关键经验

（1） 初步了解地球的表面在不断地变化（如风化和侵蚀的影响）。

（2） 知道地球的变化会影响人类的生活。

（3） 了解空气污染对人类有危害（如雾霾的危害）。

（4）知道要节约用水、保护水源的清洁。

（5）初步了解自然灾害对人类生活的影响（如地震）。

四、从教育内容到教育活动

以上两节对幼儿园科学教育的内容——科学探究和核心科学概念进行了具体的分析，并提出了各年龄阶段适宜的关键经验。这些关键经验的获得，离不开教师所设计的科学教育活动。教师根据教育内容设计教育活动，正是将科学知识和技能转化为现实的科学经验的过程。

幼儿园的科学教育活动设计，应该遵循以下几点要求。

（一）关注核心概念

在学前阶段，科学教育的内容主要包括生命科学、物质科学、地球和空间科学三大核心科学概念，这三大核心科学概念又包含了不同的关键经验。这些核心科学概念和关键经验能够帮助教师确立教学的目标和重点，帮助幼儿形成学习进阶。因此，教师在进行学习活动的设计时需要关注核心科学概念。

首先，关注核心概念为教师选取恰当的学习内容提供了依据。例如，为了让幼儿了解"生物的基本特征"这一核心概念，教师选取认识小狗、小猫、小兔子等小动物都是可以的。事实上，具体是什么动物并不重要，重要的是有关动物的现象背后蕴含的核心科学概念。围绕核心科学概念设计的科学学习活动能够为幼儿日后的科学学习进阶打下坚实的基础。需要说明的是，我们要求教师设计的学习活动要体现核心科学概念，但并不是指幼儿园所有的科学教育活动都要围绕核心概念。

其次，关注核心概念要求教师在为幼儿设计活动时要考虑科学核心概念的均衡。对于幼儿来说，这三个方面的核心科学概念都同等重要。教师不能因为某方面核心概念涉及的内容少，以为幼儿不易理解而忽略。例如，地球和空间科学的内容，事实上幼儿对这部分内容是十分感兴趣的。只要采取合适的方式，都能够激发幼儿的探究兴趣，培养幼儿的探究能力，帮助幼儿获取相关的科学经验。

（二）重视探究能力

科学的核心在于探究，科学探究既是学习的方法也是学习的内容。因此，教师在设计科学学习活动目标时要考虑到对幼儿探究能力的培养，在科学学习内容的选择上既考虑到核心科学概念的学习，也考虑到科学探究的学习，使学习活动的内容更加充实完整。

首先，探究能力的培养需要考虑到年龄适宜性。幼儿的科学探究能力包括观察实验能力、科学思考能力、表达交流能力、设计制作能力等，不同年龄阶段的幼儿在各种探究能力方面达到的水平是不同的。例如，小、中、大班幼儿的观察能力水平就是存在差异的。因此，教师要充分考虑幼儿的年龄特点和发展水平，为幼儿设计符合其最近发展区的学习活动。

其次，探究能力的培养要渗透在核心科学概念的学习过程中。核心科学概念的学习离不开探究能力的发展，幼儿需要通过观察、思考、表达等方式来真正地获取关键的科学经验。此外，核心科学概念不同，在学习的过程中所涉及的探究能力也有所差异。例如，生命科学概念的学习更强调观察、比较、表达能力，而物质科学更强调实验、思考、设计制作能力。在各个核心科学概念的学习活动中，每种探究能力都会有所涉及，只是侧重点不同而已。

（三）联系生活经验

幼儿对周围世界的认识，建立在他个人生活经验的基础上。科学教育的内容要贴近幼儿的生活经验，这样才能保证绝大多数幼儿可能对此内容感兴趣，并在已有经验的基础上吸收、学习新的内容。如果学习的内容是幼儿生活经验中所不熟悉的，甚至是超越他们理解能力的，幼儿的学习也就失去了意义。

在围绕核心科学概念设计学习活动时，一方面，教师要根据幼儿的已有生活经验选择相关的内容。例如，同样是了解岩石的特点，教师可以根据当地的岩石资源进行选择，选择幼儿较为熟悉的岩石种类进行探究。同样是了解天气和气候的变化对人类生活的影响，北方的幼儿可以开展与雪相关的活动，了解下雪对人们出行的影响；而南方的幼儿可以开展与梅雨相关的活动，了解梅雨对人们生活的影响。另一方面，对于核心科学概念的学习，如果某一核心概念适合该年龄段幼儿的学习，但是幼儿的生活中没有相关的经验，教师也不必强求。

（四）兼顾多种形式

幼儿园的科学教育活动在形式上可以多种多样，可以是学科性的教学活动，也可以是综合性的主题活动；可以是集体的形式，也可以是区角的形式；甚至还要渗透在一日生活之中。不同类型的活动有各自的特点。集体科学活动是教师根据幼儿科学教育的目标，有计划、有目的地选择活动内容，提供相应的材料，面向全体幼儿开展的科学探索活动。集体科学活动能够保证每个幼儿掌握基本的科学知识和方法技能，提高幼儿的学习效率。区角科学活动是在区角进行的学习活动，强调幼儿的个别化、操作性的学习，能够促进幼儿的自主学习和整体发展。主题活动是指在一段时间内教师以幼儿发展所需要的某个核心知识经验为中心来组织的教育教学活动，是一种普遍存在的课程整合途径。生活中的科学教育与幼儿一天在园的生活活动紧密联系，是对科学教学活动的有益补充。

每类核心科学概念都可以通过上述各种形式活动的开展来进行学习。根据核心科学概念的特点，每一类核心科学概念在适宜的活动形式上可能会有所偏重。例如，生命科学概念中许多关键经验的学习可以通过种植角、饲养角的活动进行，而物质科学概念中的许多关键经验的学习要经过幼儿的探究活动获得，关于天气和气候相关经验的获得则更多的是在生活活动中。但是这并不是说某一类关键经验只能在特定的活动方式中获得。事实上，幼儿正是在丰富多彩的学习活动中逐渐获得和深入理解科学经验的。因此，教师在选择活动形式时不能顾此失彼，而是要兼顾到各种活动形式。

总之，围绕核心科学概念设计学习活动时，要综合考虑到核心概念、探究能力、生活经验、活动形式四个方面，从多个维度为不同年龄阶段的幼儿合理设计科学学习活动，为每种关键经验的学习选取最佳的方式。可以用一个公式来表示：科学教育活动=科学概念×探究能力×生活经验。

后面三章，将分为集体教学活动、区角活动、综合主题活动和生活活动四种类型，通过对实例的分析，来具体阐述这些教育活动如何提供科学学习的经验，支持和帮助幼儿对核心科学概念的理解。

第四章

生命科学：学习活动的设计与指导

第一节　集体教学活动

案例1　小鸡（小班）

活动目标

1. 能初步按从头至尾的顺序观察，感知小鸡的主要外形特征。

2. 了解小鸡的生活习性，尝试用语言表达自己的认识。

3. 对小动物产生浓厚的兴趣，知道要关心、爱护小动物。

活动准备

1. 实物小鸡。

2. 自制"鸡宝宝的一家"教学挂图（见活动材料）。

活动过程

1. 引导幼儿按从头至尾的顺序观察小鸡的外形特征。

（1）请幼儿自由地看一看、说一说小鸡的外形特征。

（2）教师：听听谁在叫啊？小鸡的嘴巴是什么样子的？小鸡的身体是什么样子的？小鸡的爪子是什么样子的？

2. 帮助幼儿了解小鸡的生活习性。

（1）教师（出示挂图）：这是鸡宝宝的一家，看看鸡妈妈带着小宝宝在干什么？

（2）教师：你们知道小鸡喜欢吃什么吗？是怎么吃东西的？鼓励幼儿用动作表达自己对小鸡的认识。

3. 了解小鸡和人们生活的关系，能关心爱护小鸡。

（1）教师：你喜欢小鸡吗？为什么？

（2）引导幼儿说说要如何爱护小鸡。

要点提示 教学过程中要设置有一定目的的观察任务，如小鸡怎么啄食、怎么刨土找食，引导幼儿对小鸡的喙和爪进行重点观察和描述。

活动材料

鸡宝宝的一家

母鸡生下了蛋，趴在蛋上一心一意地孵小鸡，公鸡焦急地守在一旁陪伴着母鸡，等待着它们的小鸡出世。

一天、两天、三天……21天过去了，鸡蛋里面有了动静，一只小鸡用尖尖的嘴巴啄破蛋壳，从里面钻了出来，叽叽叽叽地叫着。

[评析]

首先，从科学的概念来看，此活动蕴含了生命科学的核心概念：生物的身体特征、生物的生活习性以及生物与环境的相互作用。小鸡是幼儿生活中常见的小动物，外观可爱，深受幼儿喜欢。通过本次活动，幼儿可以获得关于小鸡的外形特征、小鸡的生活习性以及小鸡与人们之间的关系等关键经验。

其次，从年龄阶段来看，初步感知小鸡的外形特征、了解小鸡的生活习性这一目标是适宜小班幼儿的。

最后，从教学活动的设计来看，环环相扣，步步深入。第一个环节教师先用声音来吸引幼儿的兴趣，通过巧妙的提问——小鸡的嘴巴、身体、爪子是什么样子的，引导幼儿有序地观察小鸡的外形特征，并且表达观察的发现。第二个环节，教师通过引导幼儿观看挂图的形式，帮助幼儿了解小鸡的生活习性，用语言和动作表达自己观察的结果。第三个环节，教师通过提问的方式，进一步引导幼儿将小鸡与人们的生活相联系，激发幼儿在生活中关心爱护小动物的情感。

案例2　橘子（小班）

活动目标

1. 在教师的指导下学习运用各种感官感知橘子，了解橘子的特征。

2. 在观察及感知的基础上，尝试用适当的语言表达自己的发现。

3. 愿意参与观察活动，在教师的帮助下，能有意识地围绕教师的问题进行观察。

活动准备

1. 每人带一个橘子，教师事先装入摸袋，将摸袋集中放于大筐中。

2. 湿纸巾、餐盘。

3. 幼儿面对教师围坐成半圆。

活动过程

1. 出示摸袋，设置情境，引导幼儿用触觉感知橘子。

（1）教师：跳跳虎给大家送来了一个礼物。用手摸一摸，你猜会是什么，摸上去有什么感觉？

（2）教师小结：橘子摸上去是软软的，糙糙的，扁圆的。

2. 观察橘子的外部特征。

（1）观察橘子的外形。

教师：请你从袋子里拿出橘子，看看是什么样子的？像什么？

（2）观察橘子的颜色。

教师：橘子是什么颜色的？

（3）感知橘子的气味。

教师：闻一闻橘子是什么味道的？

（4）教师小结：橘子是扁圆形的、软软的，橘子的颜色有的是绿色的，有的是橘黄色的，有的颜色深一点，有的颜色浅一点，橘子的皮摸上去是糙糙的，橘子闻起来是香香的。

3. 剥橘子，观察橘子的内部特征。

（1）观察剥开的橘子。

教师：猜猜橘子里面是什么样子的？（教师剥开橘子引导幼儿描述橘子肉是一瓣儿一瓣儿的）

（2）点数橘子瓣儿。

教师：这个橘子有几瓣儿，我们一起来数数。（教师将剥下来的橘子瓣儿排成一排，让幼儿点数）

4. 品尝橘子，感知橘子的味道。

（1）教师：橘子吃到嘴里是什么味道的？（请幼儿品尝事先剥好的橘子）

（2）教师：橘子里面小小的、硬硬的是什么？（引导幼儿说出是橘子的籽儿）

[评析]

本次活动的关键经验是橘子的外形特征。橘子外形可爱，摸起来软软的、糙糙的，维生素 C 含量丰富，是小班幼儿生活中最常见、最喜欢吃的水果之一。通过本次活动，幼儿能够获得橘子的外形特征、橘子的味觉体验等关键经验。从年龄特点来看，简单探索橘子的外形特征，知道从视觉、触觉、嗅觉、味觉等多感官感知橘子，在观察橘子中获得愉悦的体验，对小班的幼儿来说是必要的、重要的、关键的。

从活动的设计来看，先由情境导入，让幼儿摸摸橘子，并进行猜想，这个环节激起了幼儿的探究兴趣，调动了幼儿的科学思考能力——通过抚摸橘子进行猜想和思考。接下来观察橘子的外形特征，从形状、颜色、味道等方面进行探究并说说自己的想法，发展了幼儿的科学观察能力和表达交流的能力。观察完橘子的外形特征之后，探究橘子的内部特征，剥开橘子后，通过点数的方法，让幼儿感知橘子肉是一瓣儿一瓣儿的，发展了幼儿的点数能力。最后通过品尝橘子，知道橘子的味道，并且说出橘子的籽儿，发展了幼儿多感官探究事物的能力、表达交流的能力。

案例3　水果品尝会（小班）

活动目标

1. 认识几种常见的水果，知道它们的名称，了解水果的多样性。

2. 运用多种感官感知常见水果的特征。

活动准备

1. 请幼儿每人带一个自己喜欢的水果。

2. 根据幼儿带来的水果种类，准备相应的水果标记图及空的篓子，将标记贴在篓子上。

3. 幼儿每人小餐盘一个、勺子一把，各种水果切片。

4. 教师活动前制作水果拼盘六个。

活动过程

1. 请幼儿猜谜，引出水果话题。

教师：今天老师给小朋友说个谜语"金铃铛，圆又黄，摇一摇，没声响，闻一闻，喷喷香，扒开外衣看一看，住着一圈小月亮"。请你猜一猜是什么水果。幼儿猜出谜底后，教师出示橘子，激发幼儿活动的兴趣。

2. 幼儿互相交流分享自己带来的水果。

（1）教师：你带来的是什么水果？是什么颜色的？是什么样子的？像什么？引导幼儿向大家介绍自己带来的水果，鼓励幼儿尝试说出水果的名称和特征。

（2）教师：还有谁愿意介绍自己的水果？教师尽量请带不一样水果的幼儿介绍。

3. 引导幼儿观察各种水果的典型特征。

（1）教师：拿着你的水果和别人的水果比一比，看看有什么不同？鼓励幼儿看看、摸摸、讲讲认识的水果。

（2）教师：水果宝宝要回家了，它的家在哪里呢？教师出示有水果标记图的空篓子。

（3）教师：这里就是水果宝宝的家，苹果宝宝应该住在哪里呢？梨子宝宝呢？请把你的水果送回家，送的时候要看清标记，一边送一边说"××我送你回家"。教师组织幼儿分组送水果回家。

4. 引导幼儿观察切开的水果。

（1）教师：刚才我们认识了那么多完整的水果，现在老师把它们切开来了，你还能认出它们吗？请你们看一看、说一说它们是什么水果。只能看不能用小手去摸。幼儿分散自由观察切开的水果，教师个别提问。

（2）教师说出水果的名称，请幼儿指出切好的水果是哪一盘；或教师端起一盘切片水果，让幼儿说出是什么水果。

5. 品尝水果。

（1）出示做好的水果拼盘。教师：小朋友们真能干，水果宝宝变了样都能认出它们，老师用这些切开的水果做了个水果拼盘，看看拼盘里都用了哪些水果。

（2）教师：吃水果之前我们要把小手怎么样？如果水果有核怎么办？吐在哪里？教育幼儿讲卫生，果皮、果核不乱扔。

（3）请幼儿洗手，自由品尝水果拼盘。

要点提示　活动中尽量让幼儿有充足的时间表达自己在摸、看、闻、尝中的感受。

[评析]

首先，从科学的概念来看，此活动蕴含了生命科学的核心概念：生物的特征和生物的多样性。水果是幼儿常见的事物，本次活动以水果品尝会的形式展开，帮助幼儿获得水果的特征以及水果多样性的关键经验。

其次，从年龄适宜性来看，小班幼儿对事物的探究以身体的感官为主，教师在教学中充分运用了小班幼儿的学习特点，重点引导幼儿观察了解水果的外形特征，学习运用多种感官感知、认识水果的特征，通过看看、摸摸、讲讲、尝尝等方式来探究水果的特征，并引导幼儿讲述自己的发现，这都是符合小班幼儿的年龄特点的。

最后，从本次活动的设计来看，教师在活动的导入部分采用猜谜语的形式进行，引起幼儿的兴趣。通过谜语，幼儿能够知道水果的基本特征，从而为接下来的环节做了铺垫。

在活动进行部分，教师引导幼儿通过交流分享的形式，探究水果的外形特征，感知水果的多样性，从而发展幼儿的表达交流能力。教师一方面鼓励幼儿相互交流带来的水果，另一方面引导幼儿观察水果的典型特征，鼓励幼儿在认识水果的基础上送水果宝宝回家，巩固对水果的认识。这不仅能够发展幼儿的观察、比较能力，还能够促使幼儿深化对水果特征的认识。在活动的最后，教师将水果切开，通过品尝的形式，让幼儿体验水果的味道，深入地认识水果，并在体验中培养幼儿健康的生活习惯。在整个活动过程中，教师始终着重引导幼儿运用多种感官感知水果的特征，从触觉、视觉、味觉等多方面不断深入地感知、认识水果，并鼓励幼儿用语言大胆地讲述自己在观察中的发现，体现了教师的指导与幼儿的观察表达相结合的特点。

案例4　种蚕豆（中班）

活动目标

1. 认识蚕豆，知道秋季是种植蚕豆的时间。

2. 学习使用种植工具点种蚕豆。

3. 对种植活动产生兴趣，有参与种植活动的积极情感。

活动准备

1. 种植园地一块，教师在活动前做好初步的翻土工作。（如果没有种植园地，可请幼儿准备种植的器皿，如花盆、泡沫塑料盒、广口的塑料瓶罐等）

2. 用于种植的蚕豆若干，保证每人至少有 2—3 颗；蚕豆荚、蚕豆粒、蚕豆瓣图片（见活动材料）。

3. 劳动工具：铲子、水壶等若干。

4. 自制种蚕豆步骤图（见活动材料）。

活动过程

1. 观察蚕豆的外形，了解其生长过程。

（1）教师：蚕豆长什么样？你们可以用眼睛看看、用手捏捏。引导幼儿通过多种感官感知蚕豆的特征。

（2）阅读图片，认识蚕豆荚、蚕豆粒、蚕豆瓣，丰富幼儿相关词汇。

（3）教师：图上这些是什么？我们叫它们什么？幼儿指认并说出相应的名称。

2. 知道秋天是播种蚕豆的好季节，学习选种。

（1）教师：什么季节最适合种植蚕豆呢？是不是所有的蚕豆都可以当种子？为什么？

（2）教师：蚕豆上有蛀虫洞的、豆特别小的、壳的颜色枯黄的都不能当种子。请小朋友把颗粒饱满的蚕豆选出来。幼儿自由选种。

3. 学习用点种的方法种植蚕豆。

（1）教师：种蚕豆需要哪些东西，要做哪些准备呢？（蚕豆、种植园地、劳动工具等）

（2）教师：怎么种蚕豆呢？引导幼儿观察步骤图，了解种植蚕豆的方法和要领。

4. 幼儿分组学习点种蚕豆。

教师强调种蚕豆的步骤：翻土平整土地—铲土挖坑—每坑里放入1—2颗蚕豆—盖土—浇水。

5. 讨论管理蚕豆的方法，知道要爱护和关注蚕豆的生长。

教师：怎样才能让蚕豆很好地生长呢？（适量的浇水、施肥、除草）

要点提示　教师也可事先布置任务，2—3名幼儿合作种植蚕豆，可提示幼儿每组做一标记（与其他组区分）插在自己种的蚕豆旁边，便于日后观察记录。

活动材料

种 蚕 豆

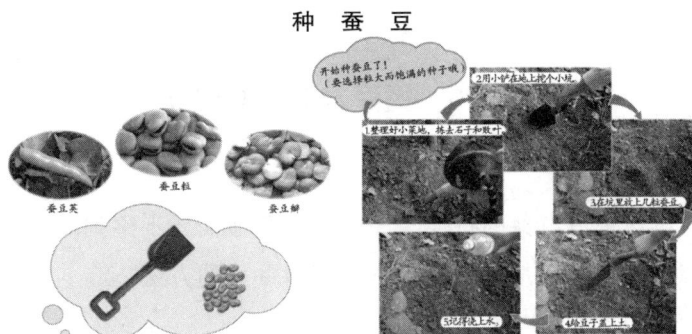

［评析］

首先，从科学的概念来看，此活动蕴含了生命科学的核心概念：生物的外形特征、生物的基本需求、生物的生命周期。本次活动围绕种蚕豆展开，在种蚕豆的过程中，幼儿能够获得蚕豆的外形特征、蚕豆的种植时间、种植蚕豆的工具等关键经验。

其次，从年龄阶段来看，中班的幼儿对植物有了初步的了解，对动植物的生长变化有一定的好奇心，对种植活动感兴趣。此外，幼儿的手部力量也发展起来，能自如地探索外部世界，开展种植活动。因此，本次的种植活动适合中班幼儿的年龄特点。

最后，从本次活动的设计来看，教师先引导幼儿观察蚕豆的外形，通过眼睛看、用手捏的方式来感知蚕豆的特点，丰富幼儿探究事物的方式；通过阅读图片，认识蚕豆荚、蚕豆粒和蚕豆瓣，丰富关于蚕豆的认识。紧接着，教师引导幼儿讨论和了解蚕豆的播种时间，学习如何选种，"是不是所有的蚕豆都可以当种子？"这一提问，引起了幼儿的科学思考，锻炼了幼儿的科学思维，而解决问题的方式就是通过观察比较来发现蚕豆粒之间的异同，从而选择颗粒饱满的蚕豆做种子。知道了播种蚕豆的时间，并且选好了种子，接下来就是种植蚕豆了。在种植的过程中，幼儿的各项能力也得到了锻炼和提升：幼儿需要学会阅读步骤图，按照步骤种植蚕豆；幼儿分组种蚕豆的过程发展了幼儿的动手操作能力；在种植后对管理方法的讨论锻炼了幼儿的表达交流能力。幼儿在整个活动过程中能够在教师的引导下不断感知观察、操作体验、表达感受，既认识了蚕豆生长的基本条件，又在种植的过程中提升了科学探究能力，真正达到了"做中学"。

案例5　蚕豆发芽（中班）

活动目标

1. 观察辨认蚕豆发芽的特征，用语言清楚地描述观察到的现象。

2. 了解蚕豆生长的基本条件，学习照料蚕豆的方法。

3. 愿意并知道经常关心、爱护种植的蚕豆。

活动准备

1. 自然角内增添蚕豆种子。

2. 拍下每组蚕豆发芽的照片并做好标记（以便与其他人的照片区分）。

3. 电脑或投影仪。

活动过程

1. 欣赏幼儿种植的蚕豆发芽的照片，感受种植蚕豆的乐趣。

（1）教师：你种的蚕豆发芽了吗？它的芽是什么样的？

（2）教师：这些发芽的小苗中哪个是你种的蚕豆发的芽？你是怎么知道的？

2. 出示蚕豆芽图片，引导幼儿观察，相互交流发现。

（1）教师：蚕豆苗是什么样子的？什么颜色的？它像什么？

（2）教师：蚕豆的小芽有多高？有几片小叶？

3. 引导幼儿讨论交流照料蚕豆的方法和经验。

（1）教师：你种植的蚕豆几天后发芽的？

（2）教师：它为什么能发芽？你是怎么照料蚕豆的？帮助幼儿理解蚕豆发芽生长需要阳光、水、土壤、空气。

要点提示　考虑到种植的蚕豆可能有未发芽的或是别的杂草的芽，故带领幼儿观察比较，哪个是蚕豆的芽。教师要事先寻找查阅豆芽的照片做参照，引导幼儿对比蚕豆的芽的特点来确定自己种植的蚕豆是否发芽，发的芽是什么样的。

［评析］

首先，从科学的概念来看，此活动蕴含了生命科学的核心概念：生物的外形特征、生物的基本需求、生物的生命周期。本次活动是承接种蚕豆而衍生的活动，通过观察蚕豆发芽，知道蚕豆芽的外形特征，感受蚕豆在不同时期呈现的不同特点，在情景讨论中学习照料蚕豆的方法，这些都是幼儿在本次活动中获得的关键经验。

其次，从幼儿的已有经验来看，幼儿已经具有了上次种植活动的经验，对蚕豆的外形有了一定的了解，能够将蚕豆的形状与蚕豆芽的形状联系起来，从而理解蚕豆生长的特点。

最后，从本次活动的设计来看，活动首先是欣赏幼儿自己种植的蚕豆发芽的照片，唤起幼儿已有的种植经验。教师通过"蚕豆苗是什么样子的？什么颜色的？像什么？多高？几片小叶？"的问题，让幼儿细致地观察蚕豆苗，发展中班幼儿观察细小植物以及细致观察植物的能力。接下来，教师引导幼儿讨论交流照料蚕豆的方法和经验，通过提问"你种植的蚕豆几天后发芽的？""它为什么发芽？你是如何照料的？"让幼儿回忆自己的种植经历，理解蚕豆生长所需要的基本条件。在整个活动中，教师通过有价值的、关键性的提问引导幼儿进行观察，鼓励幼儿在观察的同时进行科学的思考，并将思考的结果进行讨论，发展了幼儿的观察能力、科学思考能力和表达交流的能力。

案例6 蝌蚪和青蛙（中班）

活动目标

1. 在观察、饲养中发现蝌蚪不同成长阶段的明显变化。

2. 知道从蝌蚪到青蛙的成长变化是一种特殊的变态现象。

3. 对常见的动物成长变化产生兴趣，能尝试解答或提出自己的问题。

活动准备

1. 自然角里已经养小蝌蚪一段时间了，记录表。

2. 自制"蝌蚪变成青蛙"的生长过程教学挂图（见活动材料）。

活动过程

1. 观察蝌蚪，介绍自己的新发现。

（1）教师：小蝌蚪到我们班已经有一段时间了，谁来说一说小蝌蚪长得什么样？

（2）教师：你们发现小蝌蚪有变化吗？鼓励幼儿大胆交流自己的发现。

（3）教师：你们猜猜小蝌蚪再长大些会变成什么样呢？

2. 出示青蛙图片，观察青蛙的外形特征。

（1）教师：青蛙是什么样的？

（2）鼓励幼儿用声音和动作表现青蛙的特点，如叫声、跳跃的动作。

3. 观察挂图，比较观察小蝌蚪和青蛙的异同。

（1）教师：小蝌蚪是怎么长成青蛙的？小蝌蚪一开始有腿吗？先长出的两条腿是在后面还是前面？有尾巴吗？

（2）教师：接着长出哪两条腿？还有尾巴吗？小蝌蚪的颜色有什么变化？

（3）教师：小蝌蚪长大变成青蛙后它们有什么一样？有什么不一样？

（4）教师：请你们将图上的小蝌蚪生长过程按照顺序用数字表示出来。鼓励幼儿独立完成青蛙生长的排序图。

要点提示　幼儿能清楚地描述青蛙和蝌蚪的外形特征，教师重点指导幼儿按照从头至尾的顺序比较观察，最后能独立完成青蛙生长排序图。

活动材料

蝌蚪和青蛙

[评析]

本次活动蕴含的核心概念是生物的身体特征、生命周期。生物都会经历出生、生长与发育、繁殖、死亡的过程，在生物发育过程中有三种发育现象，第一种是完全变态发育，第二种是不完全变态发育，第三种是不变态发育。从蝌蚪到青蛙的成长变化是一种特殊的变态现象。对于中班幼儿来讲，蝌蚪外形黑乎乎的，在水中游来游去，非常可爱，是幼儿感兴趣的动物之一。观察班级饲养的蝌蚪，知道蝌蚪的生长变化的过程，对中班幼儿来讲是适宜的。

本次活动设计的起点是幼儿的生活，活动围绕班级自然角饲养的蝌蚪展开。教师首先通过提问，引起幼儿的思考，鼓励幼儿将平时对蝌蚪的观察发现与教师和同伴进行交流，在交流中进一步获得蝌蚪的外形特征、生活习性的关键经验。其次在接下来的环节，教师出示青蛙的图片，引导幼儿观察青蛙的外形特征，鼓励幼儿用声音和动作表现青蛙的特点，培养幼儿的观察力和表达交流能力。最后，关于"小蝌蚪是怎么长成青蛙的？"教师通过有顺序的提问，引导幼儿进行有序观察，了解其生长过程的特殊性，发展幼儿的细致观察能力，并在对蝌蚪和青蛙外形观察的基础上，通过幼儿对图片的排序进一步感知青蛙生长的特点。

案例7 动物的家（大班）

活动目标

1. 喜欢动物，知道动物生活在不同的环境中。

2. 了解动物的习性与环境的关系。

3. 关心喜爱动物，保护它们的生活环境。

活动准备

1. 在大沙盘中布置出森林、草原、沙漠等景色。

2. 幼儿事先做好的自己喜欢的各种动物胸饰和卡片（卡片用透明胶贴在雪糕棒上，便于插在沙池里）。

3. 玩具小恐龙一个。

活动过程

1. 谈话激趣，引发幼儿了解动物生活环境的兴趣。

（1）教师：小朋友，你们是从哪里来幼儿园的？（家里）那你们的家在哪里呢？你们喜欢自己的家吗？小朋友都有温暖可爱的家，动物们是不是也有自己的家呢？

（2）教师出示斑马、蚂蚁、老虎、小鸟等生活在不同环境中的动物图片，引导幼儿观察。

（3）教师：它们都是谁？家在哪里？（幼儿自由讨论并回答）

（4）教师小结：森林、小河、沙漠、草原都是动物的家。

2. 为自己喜爱的动物找家，初步了解动物生活的环境。

（1）教师出示布置好的沙盘，引导幼儿观察、了解动物生活的地方。

（2）教师：除了这些动物，你们还认识哪些动物，它们的家在哪里？引导幼儿将自己事先做好的动物卡片放在适合它生活的环境里去。

（3）幼儿互相欣赏制作完成的沙盘，引导幼儿说一说哪些动物住在这些家里。

3. 初步了解动物与环境的关系。

（1）教师出示玩具恐龙，问：恐龙的家在哪里？现在地球上还能再找到活着的恐龙吗？恐龙为什么会灭绝？

（2）引导幼儿讨论：如果地球上没有了树、草和水，动物将会怎么样？我们又会怎么样？应该怎么办？

4. 欣赏诗歌《温暖的家》，引导幼儿了解保护动物生存环境的重要性。

教师：为什么说"保护好我们自己的环境，就是保护人和动物的家"？

5. 游戏：动物找家。

一名幼儿扮演猎人，其他幼儿贴胸饰扮演各种动物，音乐响起，幼儿随着音乐模仿动物的动作，猎人来时（音乐停）"动物"赶紧跑回自己的家。

[评析]

本次活动蕴含的核心概念是生物与环境的相互作用，幼儿在本次活动中能够获得的关键经验是知道不同的动物有不同的家以及动物、人类与环境之间的相互关系。对于大班幼儿而言，他们对动物已经有了一定的了解，但对于动物与环境之间的关系以及动物、人类、环境三者之间的相互关系，幼儿缺乏理解。因此，本次活动内容对于大班幼儿来说是适宜的。

从本次活动的设计来看，活动首先是从幼儿生活经验入手。幼儿都有自己的家，将幼儿的生活经验与教学活动结合起来，让幼儿联想到动物也有自己的家。其次通过为动物找家的操作活动，帮助幼儿了解不同的动物，它们的家是不一样的，使幼儿将动物的习性与动物所处的生活环境结合起来，了解什么样的动物适合什么样的环境，将动物与环境的关系联系起来。在这一过程中，幼儿需要运用已有的认识对现象进行解释，锻炼了幼儿的科学思考能力。在活动的最后，教师一方面通过欣赏诗歌让幼儿了解保护环境的重要性，另一方面利用游戏的形式，让幼儿在愉快的玩耍中巩固了对动物与环境关系的认识。

案例8　蚂蚁（大班系列活动）

活动1　你认识蚂蚁吗？

活动目标

1. 回顾对蚂蚁的原有认识。

2. 能用语言和绘画表征对蚂蚁的认识。

3. 通过讨论明确本班幼儿将要研究的问题及初步设想。

活动准备

1. 在教室的前半部分幼儿围坐在教师的周围。

2. 教室的后半部分摆放桌子，桌上放 A4 图画纸（每人一张），记录笔每人一支，方形的大白纸一张。

活动过程

1. 教师帮助幼儿回忆已有经验。

（1）教师：你们以前见过蚂蚁吗？幼儿自由回答（集体或个别）。

（2）教师组织幼儿讨论，引导幼儿相互补充。

2. 幼儿通过绘画表现自已对蚂蚁的认识。

（1）教师向幼儿介绍绘画用的纸、笔，提出用绘画记录的任务。

教师：你们知道那么多关于蚂蚁的事情，那么，你能把知道的关于蚂蚁的事情画下来吗？这里有纸、有笔，待会儿就请你把你知道的都画出来。

（2）幼儿自由绘画，教师巡回观察，个别询问，了解幼儿的已有经验，鼓励幼儿大胆表征。

• 对积极表现，拿到笔就画的幼儿，教师只需走到其身边用表情、动作（点头、微笑等）鼓励，并且可随机询问其表现的内容。

● 对有表达的愿望，但不知如何表达的幼儿，教师可以用"没关系，你想怎么画就怎么画"的语言进行鼓励。

● 对看过蚂蚁但明确表示不会画的幼儿，教师可以鼓励幼儿尽可能地用自己的方式表达，当幼儿有表达的行为出现时，教师要及时肯定，如"画得很好，再接着画"。

● 对没有见过蚂蚁的幼儿，教师可以鼓励其根据自己想象的蚂蚁作画。例如，"你没有见过蚂蚁，那么你觉得蚂蚁应该是什么样子的就画成什么样子。"

3. 幼儿分享彼此的绘画，鼓励幼儿说说自己的绘画内容。

教师：你画的是什么？你画的是蚂蚁的什么事情？（只让幼儿表达自己画的内容，教师不做任何的干预）

4. 引导幼儿提更多的问题，教师有意识地梳理全班幼儿的问题并用符号记录。

教师：还有小朋友想到其他的问题吗？怎样用符号把你的问题和想法记录下来呢？（教师可以用幼儿讨论的符号记录，对于无法用符号表示的问题也可以用简单的文字来记录）

5. 与幼儿讨论，确定下次研究的主题。

教师：这么多的问题都要研究，下一次我们先研究什么问题呢？请幼儿自由表达意见。如果意见不一致，教师则提出"找蚂蚁"的建议。结束活动。

活动 2　哪里有蚂蚁

活动目标

1. 能猜想并验证蚂蚁喜欢的活动环境。

2. 能细致搜索、发现蚂蚁的行踪并用简单的图形记录下来。

3. 归纳整理调查结果，知道哪些地方是蚂蚁喜欢的活动场所。

活动准备

1. 教师事先已对蚂蚁的行踪做过勘察。

2. 黑板一块，记录表、水笔和书写板夹每个幼儿一套（幼儿事先熟悉书写板的使用方法及常规）。

3. 小铃一副，作为提示幼儿的信号。

记 录 表

活动过程

1. 猜想什么地方能够找到蚂蚁。

（1）教师：上次活动时小朋友提出想要研究蚂蚁，但是到哪里能够找到蚂蚁呢？

（走近幼儿并和幼儿个别对话）你觉得在幼儿园的哪些地方能够找到蚂蚁？为什么你觉得在那里可能会找到蚂蚁呢？

（2）教师：哦，这是你的猜想，那里真的会有蚂蚁吗？

（3）教师：请小朋友再想想，还有哪些地方有可能会找到蚂蚁？等我走过你的身边，就请你轻轻地告诉我。（及时记录一些幼儿的猜想）

（4）教师：请小朋友每人找个好朋友，两人商量一下，等一会儿一起去找蚂蚁时，你们准备先去哪里，再去哪里？

（5）教师：今天我们就在××范围内寻找蚂蚁，等会儿分散活动时，不能和朋友分开，不能走到老师看不到的地方，两个人要相互照顾，注意安全，听到老师的信号就回来。

2. 寻找蚂蚁并记录蚂蚁出没的处所。

（教师带领幼儿到户外，再次明确具体的活动范围）

（1）教师：两个朋友一起去找蚂蚁，找到了就可以来领书写板（出示书写板），记下发现蚂蚁的地方，每发现一处有蚂蚁，就要把那个地点记在空格里，发现有几处就记几格。看看哪些小朋友像科学家一样能仔细寻找，认真记录。

（让幼儿结伴去寻找蚂蚁）

（2）教师随时关注幼儿的活动情况，可跟随幼儿一同寻访，提醒幼儿做记录，做完记录后再转移场地。

3. 就地集体交流统计调查的结果。

（1）教师：刚才你们找到蚂蚁了吗？在哪些地方发现了蚂蚁？还在哪里发现了蚂蚁？

（请幼儿两两汇报，教师用简笔画协助幼儿分类记录）

（2）教师：一起来看看大家都在哪些地方发现了蚂蚁？

（3）教师：蚂蚁为什么会出现在这些地方？原先还有人认为××地方会有蚂蚁的，那里有吗？那里为什么没有蚂蚁呢？

（4）教师：蚂蚁喜欢在哪些地方活动？引导幼儿得出结论。

活动 3 观察蚂蚁

活动目标

1. 了解蚂蚁身体的基本特征。

2. 能利用放大镜细致、全面地观察蚂蚁并表达自己的发现。

3. 对观察蚂蚁的活动感兴趣。

活动准备

1. 课前将幼儿分为十个小组。每三位幼儿为一小组，共同捉一些蚂蚁，装在瓶子里带到教室。

2. 几种蚂蚁的特写图片、投影机、展板、磁铁。

3. 座位安排：半圆；桌子：秧田式。

请每个小组的幼儿将装蚂蚁的瓶子放到桌上。另给每个小组备两个放大镜，书写板、纸、笔各一套（暂不发到座位）。

活动过程

1. 教师提出观察要求，引导幼儿讨论如何分工进行观察。

（1）教师：刚才我们从楼下捉来了一些蚂蚁，谁能说说蚂蚁的身体有哪几个部分呢？蚂蚁的头上有什么？腹部有什么？蚂蚁有几只脚？

（2）教师：是这样吗？今天就要请大家仔细来观察一下捉来的蚂蚁。

（3）教师：请你们想一想，等会儿在观察蚂蚁的时候，你们要注意观察什么呢？（注意观察蚂蚁的头和腹，如头部、腹部有什么，是什么样的）

（4）教师：老师会给你们每个小组两个放大镜和一套记录纸笔，你们商量一下谁负责记录，谁和谁负责观察。

（5）教师：商量好了，就轻轻走到桌边坐下开始工作。

2. 幼儿在小组中学习有序观察蚂蚁。教师指导幼儿观察，提醒他们关注并表征蚂蚁身体的特征。

（1）教师：看看你们哪个小组最像科学家，细心地观察和记录。

（教师给已分好工的小组发材料）

（2）教师：仔细看一看蚂蚁。它的身体有哪几个部分呢？和你们刚才讲的一样吗？哪是头？哪是胸部？哪是腹部（就是肚子)？

（3）教师：蚂蚁的头是什么样的？什么形状？头上有什么？有没有眼睛？触须长在哪里？是什么样的？

（4）教师：蚂蚁的胸部长在身体的什么部位？是什么样的？腿长在哪里？有几条腿？腿是什么样的？

（5）教师：蚂蚁的腹部长在什么部位？是什么形状的？

（6）教师：蚂蚁这会儿在干什么？猜猜它这会儿想做什么。

（提醒各小组完成观察记录，集体签名，提醒动作慢的幼儿加快速度）

3. 引导幼儿分享他们彼此的发现。

（教师展示幼儿的记录，收回放大镜和书写板，请幼儿坐成半圆）

（1）教师：你们在观察中有哪些发现？（请各组记录者汇报）

（2）教师：蚂蚁的身体哪些地方会动？是怎么动的？请你学学看。

4. 小结蚂蚁身体的特征。

（1）教师出示蚂蚁图片：刚才我们看到的蚂蚁比较小，今天老师还带来了蚂蚁的大图片（投影）。

（2）教师边指蚂蚁图片边介绍：蚂蚁的身体是由头、胸、腹三部分组成的。头上有一对触须，胸部有三对足（是几只？六只脚），腹部（就是肚子）有皱褶。有的蚂蚁会长出两对翅膀。蚂蚁还有很多种，有不同的颜色和大小。蚂蚁是一种昆虫，昆虫都具有头、胸、腹、三对足的特点。

活动4　蚂蚁喜欢吃什么

活动目标

1. 通过观察、实验，知道蚂蚁喜欢吃的食物。

2. 能够大胆表达和交流自己的发现。

3. 有兴趣探究蚂蚁的觅食活动。

活动准备

1. 白糖、饼干、面包、豆子、烧饼、饭粒、菜叶、苹果块、果冻、肉末，分别装在十个小碗里。

2. 十种食物图标（或照片）共十套。卡片纸若干、记号笔一支、大记录表一张（格式如下图，可画在白板上）。

白糖图标	饼干图标	面包图标	豆子图标	烧饼图标	饭粒图标	菜叶图标	苹果块图标	果冻图标	肉末图标

3. 小组实验材料及工具一套（按三人一组配给）：放大镜一个，书写板、记录表和笔一套，食盒一个。

小组成员签名：

食物：	食物：	食物：	

活动过程

1. 谈话：蚂蚁喜欢吃什么。

（带幼儿到户外）

（1）教师：上次我们观察了蚂蚁，你们说蚂蚁要不要吃东西？如果它不吃东西会怎么样？吃了东西会怎么样？

（2）教师：你知道蚂蚁喜欢吃什么东西吗？你是怎么知道的？（教师根据幼儿的回答选择图标或用简笔画画上图标，贴到展板上的图标栏里）

（3）教师：我们怎样才能知道蚂蚁喜欢吃什么呢？

2. 做蚂蚁食性实验的准备。介绍实验方法，指导幼儿分工。

（1）教师：刚才小朋友提出要拿一些食物放到蚂蚁家附近，看看蚂蚁是否爬过来吃。这是一个好办法。今天老师准备了十种蚂蚁有可能吃的食物，（教师逐一介绍备好的食物名称），你们可以和好朋友三人一组，每个组选三种食物到户外去试验一下，看看蚂蚁是否会拖这些食物回家去。

（2）教师：老师还给你们准备了放大镜和记录材料，现在就请你们三人小组商量一下谁负责记录，谁负责保管放大镜，谁负责投放食物，商量好了就分别来领取材料。

幼儿分工领取实验材料——三种食物、一套记录材料（贴上所选食物图标）、放大镜。教师提醒幼儿不能和好朋友分开，不要走到教师看不到的地方，发现有蚂蚁爬过来吃就在食物图标的下方格子里打钩。

3. 教师进行个别指导，询问他们的发现。

（1）教师跟随幼儿，监护幼儿的安全，同时观察幼儿选择了哪些地方放置食物诱饵。可提问："你们为什么选择在这里投放食物？你们估计蚂蚁多长时间可以发现这些食物？"

（2）教师随时协调处理幼儿结伴观察中发生的各种问题，如稳定幼儿的兴奋情绪，告诉幼儿要轻手轻脚地接近蚂蚁，蚂蚁才敢爬过来。

（3）教师陪伴幼儿一起观察蚂蚁的行踪，当蚂蚁被食物引诱过来时，教师可通过有目的的提问"蚂蚁发现食物了吗？你怎么知道它发现了呢？它发现食物后它吃了哪种食物？你估计下一步它会怎么办？你还发现有什么有趣的事情？"引导幼儿仔细、持久地观察。

4. 集体交流和讨论：蚂蚁的食性。

（1）（请各小组汇报实验结果）教师：你们选的是哪些食物？今天的实验你们有什么发现？协助幼儿在记录大表上做记号。（吃的打钩，不吃的打叉）

（2）教师：蚂蚁对十种食物有什么反应？看看每种食物有多少人发现是蚂蚁喜欢的。（打的钩越多就说明这是蚂蚁喜欢吃的一种食物）

（3）教师：蚂蚁还可能吃什么呢？小朋友课后还可以自己找一些食物去做实验。

（到了活动结束的时间，教师布置寻找蚂蚁家族成员及蚁穴结构图片资料的任务。）教师可以对幼儿说：今天大家看到小蚂蚁把喜欢的食物抬回家去了，蚂蚁的家里还会有谁呢？蚂蚁的家里又是什么样子的？请大家回家找一找有关蚂蚁家族成员和蚂蚁家里是什么样子的图片或资料，下次活动的时候带来给大家看一看。

活动 5 蚂蚁的家

活动目标

1. 通过交流丰富对蚂蚁家族成员和蚁巢的认识。

2. 通过图画来表现对蚁巢的认识。

3. 能较细致地规划蚁巢，并积极投入蚁巢的绘制工作。

活动准备

1. 蚁穴图片一张，纸、笔人手各一套。

2. 提前通知幼儿把调查资料及图片、照片带来，展示板及磁铁。

活动过程

1. 幼儿分享他们调查的关于蚂蚁家族和蚂蚁的家——蚁巢的信息。

（1）教师：前几天请小朋友回家去查找蚂蚁家族都有谁，蚂蚁家里是什么样子的，大家查到这方面的资料了吗？

（2）教师：你带来的是什么资料？可以给大家介绍一下吗？（引导幼儿介绍蚂蚁的家族成员、成员的分工、蚁穴内有哪些房间）

2. 教师总结，出示图片并介绍蚂蚁的家——蚁巢。

（1）教师：蚂蚁家族中有蚁后、蚁王、兵蚁、工蚁。蚁后专门负责产卵，蚁王陪伴蚁后，兵蚁负责家庭的保卫工作，工蚁最辛苦，筑巢、觅食、侍弄菌圃、饲养蚜虫、照料幼蚁和蚁后、蚁王。蚂蚁的家里有许多的房间，各个房间都有不同的用途。

（2）教师出示蚁穴结构图片：看看蚂蚁家里都有哪些房间。（一一向幼儿介绍入口、蚁道、粮仓、储藏室、休息室、墓室、蚜虫室、菌圃室、育儿室、蚁后室等）

3. 提供纸笔，让幼儿绘制蚂蚁的家。

（1）教师：今天老师还准备了纸和笔，你们能画出蚂蚁的家吗？

（2）教师：每个小朋友画一个蚂蚁的家。想一想，你准备画几个房间？哪一间安排给蚁后住？其他房间做什么用？这些房间怎样连通？

（幼儿绘画，教师进行巡回指导）

（3）幼儿画好蚁穴的主体后，教师进一步提问：怎么让人家知道这些房间的用途？（引导幼儿在房间里画一些简单易懂的符号来表示房间的用途。例如，蚜虫室可以画几个小虫子表示，休息室可以用一个闭着的眼睛表示）

（4）（先画好的先展示）最后教师组织幼儿相互参观绘出的蚁穴图，请几个绘制的画面丰富的幼儿简单向大家讲解自己所画蚁穴的结构及功能。

[评析]

本次系列活动是以蚂蚁为主题，组织与蚂蚁相关的一系列活动。这一系列活动的组织并不是随意开展，而是富有逻辑的，是以幼儿的探究兴趣为中心，以幼儿科学学习、科学探究的过程为依据而开展的。对大班的幼儿来说，虽然对蚂蚁已有了一定的了解，但仅限于粗浅认识的层面，缺乏深入的、主动的探究。通过本次系列活动，幼儿能在科学探究活动中获得关于蚂蚁生活习性、身体特征、基本需求的关键经验，提升观察实验能力、表达交流能力、科学思考能力和设计制作的能力。《指南》中指出，大班的幼儿能够在成人的帮助下制订简单的调查计划并执行。本次活动围绕探究过程、教学过程中幼儿获得的经验而进行设计，强调教师在探究活动中引导的价值，为幼儿搭建支架，对幼儿的探究方法、探究思维进行引导和提升，让幼儿在遇到难题时能够得到适宜的、具有启发性的帮助。

在本次活动中，处处体现着以幼儿的探究为本的精神。首先，系列活动让幼儿对已有蚂蚁的认识进行回顾，通过语言以及绘画的形式进行表征，进而对于蚂蚁的探究提出富有意义的研究设想。在这个过程中，幼儿通过对已有经验的多种形式的表征，能够发展其表达交流的能力。幼儿的探究，一定要建立在他们已有经验的基础上。经验的获得并不是凭空而来的，而是与幼儿的已有经验相联系、相结合，经验的获得是幼儿思维不断改变、不断扩充、不断发展的过程。显然，教师在本次活动中注意到了这一点。其次，通过对蚂蚁经验的表征，很自然地过渡到第二个活动"哪里有蚂蚁"。这个活动是对蚂蚁生活习性、简单行为的探究，教师首先让幼儿猜想"什么地方能够找到蚂蚁"，之后，让幼儿对自己的猜想进行验证，并在验证过程中进行记录，思考为什么有的地方有蚂蚁，而有的地方没有蚂蚁。在这一过程中，能够发展幼儿运用已有经验进行合理猜测的能力，以及对猜测进行验证、记录的能力。再次，知道蚂蚁的生活习性之后，教师引导幼儿进入活动"观察蚂蚁"。在观察活动中，不但能够培养幼儿的分工、合作的能力，如"给你们放大镜，你们谁负责观察，谁负责记录"，也能够在教师的引导下培养幼儿有序观察的能力，如教师的提问是按照观察顺序进行的——"头是什么样？胸部？腹部？"还能够培养幼儿的表达交流能力，如观察之后，幼儿进行交流、分享自己的发现。教师在这一过程中总结蚂蚁的特征，提炼幼儿的观察经验。复次，进入对蚂蚁基本需求的探究——"蚂蚁喜欢吃什么"，让幼儿知道蚂蚁为了维持生存会不断从外界获取食物。教师提出"我们怎样才能知道蚂蚁喜欢什么？"的问题，帮助幼儿提出实验的构想，在蚂蚁食性实验中引导幼儿设计、参与实验探究活动，培养幼儿观察实验的能力，以及对实验结果进行统计、整理分析的能力。最后的活动设计是关于蚂蚁住所的研究，让幼儿知道蚂蚁家族的成员，以及每个成员有不同的分工，了解蚂蚁洞穴的结构构造，以及每个房间所具有的功能。在幼儿充分了解蚂蚁家族之后，让幼儿绘制蚂蚁的家。在这一过程中，幼儿的设计制作能力、表达交流能力都得到了发展。

第二节 主题活动

案例1 找春天（中班）

一、主题思路

春天来啦！当迎春花把春的讯息告诉大地时，春姑娘就悄悄地唤醒了冬眠的小动物，喊来了背着剪刀的小燕子，敲开了花妈妈的家门……啊！春天多美好！幼儿园的小朋友们也一起出来找春天啦！

在小班的春天里我们发现了各种美丽的花，我们知道春天是五颜六色的！在中班的春天里，我们将走出教室，走出幼儿园，去感受春风的抚拂，去领略阳光的暖意，去寻找春天落在花苞苞、芽苞苞上的足迹；去和小蝌蚪、小蝴蝶等动物们玩春天的游戏，春天多么美、春天多么好！我们把找到的春天带进幼儿园，带回教室，用我们的双手去装扮春天。让春的气息充满在我们身边的每一个空间！

建议本主题用三周至四周时间完成。

二、主题目标

1. 喜欢观察周围事物的变化，能在大自然中寻找春天的足迹。

2. 欣赏文学作品，感受春天的美丽，会用一些简单的形容词较连贯地表达自己对春天的认识和情感。

3. 会用多种形式表现春天的美景，并会参与活动室里春天的环境布置。

4. 知道春天是播种和动植物生长的季节，能关心爱护春天的芽、花、草等，有一定的环保意识。

5. 能分辨乐句，并根据乐句创编表演动作。尝试用优美的声音表现三拍子歌曲优美舒缓的性质。

6. 体验自然数序 1—10 前后两数相差 1 的关系。

7. 会用筷子进餐，知道要保持服装和桌面的整洁。

8. 练习原地有节奏地拍球，练习各种合作走。

三、主题实施路径表

集体活动		日常活动	环境创设	家园联系	区域游戏
基本活动	其他活动				
线索一：春天在哪里 1. 春天的电话（语言：故事） 2. 花苞苞，芽苞苞（科学：观察） 3. 芽（语言：散文） 4. 春雨姐姐变戏法（语言：诗歌） 5. 种子发芽（科学：实验） 6. 春天多美好（音乐：歌曲）	1. 战胜大灰狼（体育：侧转） 2. 小动物种树（数学：10 以内数序）	● 日常渗透 1. 结合自己观察到的春天的景象仿编诗歌（春雨姐姐变戏法） 2. 在幼儿园里选择发芽、长叶、开花和结果有明显不同的 3—4 棵植物，进行长期连贯的观察，记录下植物的生长变化的过程。制作出班级的植物生长册 ● 点名 结合春天气象多变的现象，引导幼儿关注和谈论 ● 散步 引导幼儿继续寻找发现幼儿园里植物上的花苞苞，芽苞苞 ● 起床 欣赏视频二十四节气之"惊蛰"，感受春天特别节气的特征：打雷、小动物从冬眠中醒来 ● 种植 将幼儿讨论种子发芽的内容用图标的形式展示在种子发芽的小实验区域内。以小组为单位，每天轮流由一名值日生照顾发芽的种子（换水、晒太阳和观察），并在晨间谈话时定期交流种子发芽的变化情况	1. 师生共同利用收集的有关春天的图片、照片、幼儿作品等，将活动室布置成为"美丽的春天"的情景 2. 丰富自然角的内容，增添种子发芽实验，春天的花卉、植物和小动物。让幼儿观察春天里动植物的生长变化 3. 在幼儿园里选 3—4 种植物定期观察，创设植物的成长记录册专栏	1. 请家长利用休息日经常带幼儿到大自然中去观察春天的景色，并记录幼儿讲述的语言 2. 更换"家长园地""主题目标和活动安排"栏目的内容，向家长介绍主题中的配合事宜	● 益智区 1. 找错（主题目标 1 的拓展） 2. 小动物连连看（二）（上一主题区域游戏延伸） ● 数学区 1. 种树（"种树"教学活动延伸） 2. 去郊游（主题目标 7 的拓展） ● 科学区 我是超级小玛丽（幼儿兴趣需求） ● 美工区 1. 迎春花（主题目标 3 的拓展） 2. 美丽的蝴蝶（目标 3 的拓展） 3. 柳树（目标 3 的拓展）

集体活动		日常活动	环境创设	家园联系	区域游戏
基本活动	其他活动				
线索二：春天在这里 1. 找春天（综合） 2. 暖暖的太阳，新鲜的空气（健康：生活卫生习惯） 3. 桃树下的小白兔（语言：故事） 4. 春天花儿开（美术：纸绳贴画） 5. 美丽的蝴蝶（科学：观察） 6. 蝶儿双双飞（音乐：游戏）	1. 种树（体育：跳） 2. 蝴蝶的成长相册（数字：排序）	● 日常渗透 1. 教师组织幼儿春游，请他们将见闻记录下来，利用一些过渡环节欣赏、分享幼儿春游的见闻 2. 收集提供各种蝴蝶的标本和放大镜，引导幼儿观察、欣赏 3. 将幼儿制作的蝴蝶和花的美工作品装饰在班级的环境中 ● 晨练 更换早操律动音乐（可以选择与春天相关的歌曲、音乐） ● 饲养 丰富自然角的小动物，引导幼儿观察春天里各种小动物生长、活动的情况 ● 散步 继续引导幼儿感受春天的阳光照射在身上的温度和植物在阳光下生机勃勃的景象	1. 制作各种春天的花门帘，布置在班级的环境中，增加"美丽的春天"氛围 2. 将蝴蝶成长过程的图片、标本等内容加入环境中	1. 有条件的家长可以在家中饲养一种小动物，让幼儿参与喂养和观察 2. 收集有关春天的图画书，如《春》《绿芽芽》《遇到春天》《春天什么时候来》《春天的手》等	● 生活区 筷子夹物（主题目标7的拓展） 系一系（上一主题区域游戏延伸） ● 语言区 1. 诗歌《春雨姐姐变戏法》（"春雨姐姐变戏法"教学活动延伸） 2. 故事表演（幼儿兴趣需要） 3. 图画书阅读（主题目标2的拓展） ● 角色区 1. 娃娃家（主题经验的拓展） 2. 构建区（主题目标3的拓展） 3. 鲜花店（幼儿兴趣需求）
线索三：春天来到我们班 1. 春雨的色彩（语言：散文） 2. 蝴蝶飞呀飞（美术：绘画） 3. 美丽的春天（综合）	1. 多彩的花园（美术：晕染添花） 2. 穿树林（体育：绕障碍跑） 3. 杨柳青（音乐：律动） 4. 剥豌豆（数学：10以内计数）	● 日常渗透 继续引导幼儿根据自己观察到的春雨后的景象，进行散文的仿编和创编，并欣赏幼儿的作品 ● 晨练 结合体育活动的内容增添相应的器械和项目 ● 起床 欣赏幼儿利用豌豆和牙签拼插的各种造型 ● 种植 将发芽的植物，移栽到班级的小菜园里，引导幼儿继续观察和记录植物的生长和变化	利用幼儿制作的各种作品不断地丰富班级里"美丽的春天"的环境	继续引导幼儿观察春天的美景与变化，多与幼儿交谈，丰富相关的词汇	

[评析]

春天是一个美丽的季节，万物复苏，小草发芽，小燕子归来，小动物从冬眠中苏醒，小河的水静静地流淌，一切都是那么富有生机和活力。天气变暖了，对于中班幼儿而言，正是亲近自然、探索自然的好时候。中班幼儿喜欢对身边的事物进行探索、对身边的植物进行观察，在观察、探索中，幼儿能够获得关于春天的关键经验，如春天植物的生长变化、动植物的基本需求、动植物的外形特点等关键经验，因此，本主题正是源于幼儿的生活，源于幼儿的兴趣需要，对于中班幼儿来说是适宜的。

所谓主题活动，是以某一主题为中心而进行的活动，将各领域按照主题的需要以及领域之间的内在联系进行整合和综合，让幼儿在这一主题中获得全面的发展。以"找春天"这个主题活动为例，这个主题分为三个阶段，即春天在哪里、春天在这里和春天来到我们班，这三个阶段是按照探究的逻辑顺序——寻找春天、发现春天和探究春天来进行的。在实施这一主题时，通过阅读关于春天的作品，发展幼儿的语言水平；通过观察花苞苞、芽苞苞，发展幼儿的科学探究能力；在种树的活动中，发展幼儿的数概念；在欣赏关于春天的乐曲时，发展幼儿对音乐节奏、韵律把握的能力；在绘画美丽的蝴蝶时，发展幼儿的绘画能力；在了解新鲜的空气时，发展幼儿的健康意识。每一个活动都是围绕"找春天"这个主题，这一主题可以挖掘的有价值的活动很多，并且每一个活动不是简单的堆砌，而是因为主题活动的需要，每一个活动之间有内在的逻辑关系，以此来发展幼儿各方面的能力，使幼儿获得全面的发展。虽然"找春天"这一主题涉及科学领域较多，然而，在主题实施的列表中我们发现，这一具有科学气息的主题也可以与其他领域自然地结合。因此，不管主题的选择倾向于哪一个领域，它仍然可以很好地与其他领域相结合。教师要充分挖掘主题活动的潜在价值，处理好主题活动之间的逻辑关系。

当然，从主题实施的列表中可以看到，一个主题所进行的活动也不仅仅是集体活动那么简单，它还包含日常活动、区域活动、家园联系以及环境创设等方面。从中我们发现，我们给幼儿创造的教育环境是全方位的，渗透在幼儿生活的方方面面——对于幼儿的教育不仅仅聚焦于集体活动，一日生活即是教育，幼儿的区域游戏和活动也蕴含着教育的价值。环境是无声的老师，幼儿在参与环境创设的同时，也发展着幼儿动手操作、审美、艺术等方面的能力。教学的资源不仅来源于书本和教材，还应该发挥家长的资源、社会乃至社会自然的资源。如果我们将视角放宽，我们就会发现生活中无处不透露着教育，幼儿无时不接受着教育。

案例2　种子的秘密（大班）

一、主题思路

舞着秋风，和着虫鸣，幼儿在草地上玩耍嬉戏。"咦，这是什么？"幼儿奇怪地问，"怎么果子长在叶子上？"有的说："这不是叶子。"幼儿经过寻找，发现原来这是泡桐树的种子。幼儿的问题更多了，"花有种子吗？""草有种子吗？""树有种子吗？""所有的植物都有种子吗？""它们藏在哪里？""为什么要有种子？"顺应幼儿特定的认知方式、认知轨迹，我们与幼儿一起去探索种子的秘密。

大自然孕育着丰富的答案，幼儿在寻寻觅觅的过程中惊奇地发现种子是千姿百态的，生长部位是不一样的，就连种子的传播方式也是各不相同的。幼儿在采集种子、制作种子标本、玩种子镶嵌画的游戏，以及加工品尝丰富的种子食品等活动中，深切地感受到种子对植物生长的意义、种子与人们生活的紧密联系，更重要的是他们学到了查阅资料、与同伴合作等解决问题、寻找答案的方法。

本主题拟用三周至四周时间完成。

二、主题目标

1. 知道树木、花草、蔬菜、农作物、水果等都有种子，初步了解植物种子的生长环境及几种常见种子的传播方式，对探究植物的秘密产生兴趣。

2. 发现种子的外形是多种多样的，知道种子对植物生长的重要性及与人们生活的紧密联系。

3. 关注周围的事物在秋季的变化，感受秋天的美，能运用多种手段表达自己对秋天的认识，乐意用自己的方式记录发现。

4. 能感受文学作品的意境美，初步理解文学作品中运用的比喻和拟人手法，能运用语言、动作、绘画等形式创造性地表达自己对秋天的理解。

5. 能用自然美好的声音演唱歌曲，努力运用不同速度、力度来表现音乐的性质。

6. 能按 2 个、5 个、10 个数群为一组进行 30 以内数量的计数；学写数字 1、2、3；初步学习使用统计的方法进行记录。

7. 练习跨大步走，初步学习跳绳，在活动中注意安全；学做竹筒器械操。

8. 能正确地握笔，保持"一拳一尺一寸"的书写姿势。

三、主题实施路径表

集体活动		日常活动	环境创设	家园联系	区域游戏
基本活动	其他活动				
线索一：种子在哪里 1. 种子藏在哪里（科学：观察） 2. 采集种子（综合） 3. 有趣的种子（科学：观察） 4. 参观植物园（综合）	1. 数种子（数学：计数） 2. 石头剪刀布，跨大步（体育：跨大步） 3. 小树叶（音乐：歌曲） 4. 竹筒操（体育：器械操）	●日常渗透 1. 组织幼儿观察、介绍自己收集来的各种各样的种子 2. 整理幼儿在"小问号"主题中提出的有关植物、种子的问题，并进行谈论和解答 ●自然角 1. 增添一些秋天的花卉（如一串红、菊花等） 2. 将幼儿收集到的各种各样的种子分类展示，并利用放大镜进行观察、认识 ●餐前 分享幼儿的秋游见闻 ●午餐、点心 说一说、找一找，水果、蔬菜的种子在哪里 ●散步 1. 继续在园内找一找植物的种子 2. 欣赏幼儿园秋天的景色和变化，感受秋天的美 ●起床 1. 复习歌曲《小树叶》 2. 自由观察、交流主题展览区里的各种有关种子的内容	1. 利用幼儿收集的各种有种子的植物，如果实、蔬菜等物品创设"我找到的种子"主题展览区 2. 在小园地、自然角创设种子种植的专区，引导幼儿观察并记录种子的发芽、生长的变化过程	请家长协助幼儿寻找、收集植物种子的实物及相关图片、实物、图书等	●益智区 1. 对号入座（现阶段关键经验） 2. 有趣的游戏棒（幼儿兴趣需要） 3. 花生造型（幼儿兴趣需要） ●科学区 1. 称种子（主题目标1的拓展） 2. 筛种子（现阶段关键经验） 3. 植物的趋光现象（主题目标2的拓展） ●美工区 1. 美丽的秋天（"种子粘贴画"教学活动延伸） 2. 多彩的秋叶（主题目标4的拓展）

续表

集体活动		日常活动	环境创设	家园联系	区域游戏
基本活动	其他活动				
线索二：种子的秘密 1. 骑"白马"的苍耳（科学：讨论） 2. 数玉米（数学：计数） 3. 种子旅行记（美术：连环画） 4. 子儿，吐吐（语言：阅读） 5. 剥花生（数学：统计）	1. 有趣的叶脉（科学：观察） 2. 摘果子（体育：纵跳触物） 3. 小雨和花（音乐：韵律活动） 4. 秋天多么美（语言：散文）	●日常渗透 师生共同收集各种大小、颜色不同的种子，为下一线索的活动做准备 ●种植 组织幼儿在小园地和自然角播撒麦子、蚕豆、萝卜、青菜等的种子，并观察种子的发芽、生长 ●自然角 将幼儿采集的各种落叶分类展示，并运用放大镜观察每片叶子的叶脉 ●户外活动 利用苍耳进行结伴投掷的游戏，进一步了解苍耳的传播方式 ●餐前 1. 师生共同阅读有关植物、种子的百科书，进一步了解各种有关的知识内容 2. 结合图画书《种子旅行记》，讲述自己创编的故事 ●散步 继续收集各种落叶，观察不同植物的叶脉 ●起床 继续欣赏散文《秋天多么美》	1. 与幼儿共同收集、布置"种子旅行记"的主题墙饰 2. 利用幼儿寻找发现或制作的各类有关秋天的事物、图片、照片、见闻、美术作品等材料营造班级秋天的环境氛围	1. 多和幼儿一起出去散步、郊游，引导幼儿注意观察大自然，感受秋天的美，感知身边事物在秋天的变化，并能把自己的发现大胆、准确地用语言表达出来 2. 宣传预防秋季疾病的措施，根据季节转换的特点注意幼儿的穿衣及营养	●生活区 1. 看谁夹得快又准（中班下学期经验的延伸） 2. 开心小吃店（"硬硬的壳儿，香香的肉"教学活动延伸） ●数学区 1. 猜猜有多少（"数种子"教学活动延伸） 2. 写数字（主题目标6的拓展） 3. 剥花生（主题目标6的拓展） ●语言区 1. 读一读、说一说（主题目标1的拓展） 2. 咕噜咕噜（幼儿兴趣需要） ●角色区 1. 小吃店（前一主题活动的延伸） 2. 娃娃家（幼儿兴趣需要）

集体活动		日常活动	环境创设	家园联系	区域游戏
基本活动	其他活动				
线索三：种子与人们的关系 1. 硬硬的壳，香香的肉（健康：饮食营养） 2. 有趣的空隙（科学：实验） 3. 种子食品品尝会（综合） 4. 统计最喜欢吃的种子食品（数学：统计） 5. 种子粘贴画（美术：手工）	1. 秋天的雨（语言：散文） 2. 学跳绳（体育：双脚跳） 3. 拔根芦柴花（音乐：打击乐）	●日常渗透 向家长介绍种子食品尝会的活动内容，配合幼儿做好相应的准备 ●晨练 继续学习跳绳 ●种植 组织幼儿为小菜园地里的种子浇水，观察发芽后的变化情况 ●餐前 1. 说说还有哪些食品是由种子加工而成的 2. 复习打击乐《拔根芦柴花》 3. 复习歌曲《秋天多么美》 ●散步 结合散文《秋天的雨》，继续在幼儿园里观察感受秋天的变化 ●起床 1. 自由欣赏《种子粘贴画》的作品 2. 交流自己寻找到的各类有关植物、种子、秋天的问题答案	师生共同利用一些种子食品的包装和自己的美工作品，布置种子食品品尝会的环境氛围	1. 帮助幼儿针对感兴趣的植物探究问题进行答案的探究 2. 结合日常的家庭生活,引导幼儿感受种子与人们生活的密切关系	

[评析]

本次活动是以"种子的秘密"为主题，主要分为三个阶段，即种子在哪里、种子的秘密和种子与人们的关系。从这三个部分可以看到，主题活动的设计并不是随意的，它有其内在的、本质的逻辑依据，它是按照科学的探究过程进行设计的。对于大班的幼儿来说，通过"种子的秘密"这一主题能获得关于种子的生长环境、生命周期、种子与人们之间的关系等这些幼儿科学领域需要获得的关键经验。

本次主题活动有多种形式，主要有集体活动、日常活动、环境创设、家园联系、区域游戏，通过多种途径来实现主题活动的目标，使幼儿通过多种途径获得全面的发展。因而教师应该充分利用每个活动形式的特点，权衡好每个活动形式之间的关系，使得每个活动形式的作用能够得到充分的发挥，让幼儿在每一种活动形式中都能够获得最适宜的发展。

在主题活动中，幼儿能够获得关于这一主题各领域的全面发展，如"种子藏在哪里"的活动是科学领域的观察活动，能培养幼儿的观察能力；"数种子"的活动能够锻炼幼儿的计数能力；"种子旅行记"是美术活动，幼儿能将种子的繁殖特点用绘画的形式表现出来，发展幼儿的审美与绘画的能力；"子儿，吐吐"的活动，幼儿通过阅读图画书，知道种子能够长成大树，既扩充了幼儿关于植物的知识，又能在阅读中培养阅读素养，发展语言能力；"硬硬的壳、香香的肉"是健康领域的活动，幼儿在本次活动中能了解坚果对身体发育的好处，养成不乱扔果壳的习惯。虽然这些活动看似学科性比较明显，但都是与本主题内容相关联的，以各种各样的形式整合和拓展了本次活动的主题，让幼儿从多个角度认识、了解种子，探究种子的秘密，探究植物的繁殖方式，知道植物与人类之间的关系等，让幼儿在这一主题活动中获得全面的发展。

第三节　日常生活活动

案例1　西红柿的甜蜜收获（小班）

一、活动的缘起

西红柿是幼儿非常熟悉的一种蔬菜，它的营养丰富，维生素 C 含量很高，是餐桌上的美味佳肴，幼儿非常喜欢吃。西红柿生长期较短，适合小班幼儿种植。当园内为每个班开辟出一块种植园地时，我把种植西红柿的想法告诉了幼儿，幼儿非常兴奋，开始讨论起来。有的说"西红柿是在地里种种子"，有的说"老家的爷爷种过西红柿苗"，还有的说"西红柿长大后需要绑上'拐杖'，才能长更多的西红柿"……幼儿已获得了不少西红柿种植的小常识，但西红柿完整的生长过程对他们来说还不是很清楚。什么时间播种、怎么育苗、如何栽培、为什么绑上"拐杖"的西红柿长得多、什么样的温度适合种植、对土壤有什么要求、什么时候结果实和怎样管理等问题困扰着幼儿。幼儿只有亲自实践、亲自观察，通过与西红柿生长过程的亲密接触中才能获得答案。因此，在幼儿的期盼下，在家长的支持配合下，西红柿种植活动开始了。

二、活动目的

1. 了解西红柿的种植过程。

2. 学会观察和记录西红柿的生长方法。

3. 萌发亲近大自然的情感。

三、活动的实施过程

西红柿的生长大揭秘	果实宝宝的趣味事
1. 适合西红柿的生长环境	1. 西红柿烹饪大聚会
2. 快乐种植	2. 西红柿果汁画
3. 苗宝宝"死"了	
4. 除草风波	
5. 西红柿苗苗"驼背"了	
6. 苗宝宝生病了	
7. 量量苗苗的身高	
8. 量量西红柿苗的茎	
9. 初生的西红柿宝宝"夭折"了	
10. 陌生的客人——蚯蚓	
11. 有的枝上的西红柿长得快，有的枝上的西红柿长得慢	
12. 管理活动——掐枝	
13. 扎架	
14. 果实宝宝换新衣	
15. 果实宝宝大变身	

[评析]

生活活动——西红柿的甜蜜收获，来源于幼儿的生活，是幼儿生活的一部分。本活动将幼儿零散的生活经验进行整合和提炼，让幼儿在生活中学习，在生活中观察，在生活中获得适宜的发展，在生活的情景中寻找解决问题的办法，在生活中感受种植的乐趣，在生活中体验果实的甜美。

　　本次活动分为两个部分，一部分是西红柿的生长大揭秘，包括收集查阅资料，开展西红柿种植活动，西红柿的生长管理，解决西红柿生长中的突发问题。另一部分是果实宝宝的趣味事，包括果实的作用、食用方法及果汁的用途。两部分相互联系又相互独立，有教师预设的，也有幼儿生成的。幼儿在本次的种植活动中，可以获得如下的发展。

　　1. 发展幼儿的科学探究能力

　　幼儿的科学探究能力包括观察实验能力、科学思考能力、表达交流能力和设计制作能力。幼儿在西红柿的种植后，发现西红柿"死"了，发现了西红柿下的杂草，说明幼儿对自己种植的西红柿进行持续、细致的观察，在辨别杂草与西红柿苗的过程中，一定程度上发展了幼儿的观察能力，在观察中培养了幼儿的责任感。而面对西红柿为什么"死"了，以及为什么有的西红柿长得快，有的西红柿长得慢等问题时，幼儿进一步地思考、实验，来寻找解决问题的办法。幼儿在思考、测量中，感受种植的乐趣。每一次的观察，每一次遇到的问题，每一次的讨论交流，都是幼儿经验的分享、整合和重组，这一过程促进了幼儿的认知能力的发展，进一步提升了幼儿的科学思考能力和表达交流能力。

　　2. 知道植物的生长变化，学会种植植物的方法

　　幼儿在了解西红柿的生长环境后，开始动手种植。在种植西红柿的过程中，知道了西红柿的种植方法以及西红柿生长所需要的条件，体验了种植和动手操作的乐趣。种植完成之后，幼儿在持续观察西红柿的生长变化过程中能够在教师的引导下，发现：西红柿的成长需要除草；需要给西红柿提供足够的营养和空间；需要搭架来支撑西红柿，以此来结出饱满的果实；西红柿果实的成长需要经过青、白、红的颜色变化，果实才能真正成熟。幼儿在生活实践中感知到西红柿的变化，获得了丰富的经验，而这些丰富经验的积累也是幼儿建构对于生命概念的理解需要获得的关键经验。

3. 培养爱护植物、珍惜劳动成果的情感

幼儿种植西红柿的活动——为西红柿除草的辛勤，发现蚯蚓的惊喜，发现西红柿果实变化的开心，品尝西红柿的美味，感受用西红柿作画的乐趣，这些事件中无不渗透着幼儿对西红柿的喜爱。在这样的生活情境中，幼儿能够真真切切地感受到植物与人们的关系，感受到劳动的喜悦。只有在自己的一番辛勤劳作之后，幼儿才会真正体验到果实的来之不易，意识到它包含着很多的汗水和劳动，在以后的生活中才会理解"谁知盘中餐，粒粒皆辛苦"，才能真正做到珍惜劳动成果。

案例2 小蝌蚪的饲养（大班）

一、活动缘起

每到春季，很多教师都会带领幼儿到田间地头、公园的池塘里"寻找春天"，青蛙的受精卵就是幼儿在"寻找春天"活动中的一个发现。当看到小河沟里一团团黑黑的东西时，幼儿充满了好奇，这是什么呢？当知道是青蛙的卵宝宝时，幼儿觉得太神奇了，都想把它们带回家饲养，于是饲养小蝌蚪的活动产生了。

二、活动目的

1. 了解小蝌蚪变成青蛙的生长过程，积累饲养经验。
2. 了解青蛙对人类的作用，培养爱护青蛙的情感。
3. 培养观察能力，提高科学素养。

三、活动的脉络

饲养阶段	关于小蝌蚪的关键经验	亲历探究的关键问题
采集青蛙受精卵	探索采集青蛙受精卵的方法	1. 盛放青蛙受精卵容器盛水的深度 2. 怎样采集青蛙受精卵 3. 受精卵孵化成蝌蚪的条件
饲养小蝌蚪	1. 小蝌蚪的生活环境 2. 小蝌蚪吃什么 3. 小蝌蚪的生长变化	1. 为什么蝌蚪适宜在浅水中饲养 2. 给蝌蚪换水的最佳时间 3. 蝌蚪吃什么食物，怎么喂食 4. 小蝌蚪和青蛙的外形、生活习性的异同

饲养阶段	关于小蝌蚪的关键经验	亲历探究的关键问题
延伸活动	青蛙与人类的关系	1. 送青蛙回归自然 2. 观察青蛙捉害虫，知道青蛙是人类的好朋友

[评析]

生活活动——小蝌蚪的饲养，来源于幼儿的生活，来源于幼儿的好奇。当春天来临，幼儿会对小蝌蚪产生探究兴趣，于是从幼儿的生活中就产生了饲养蝌蚪的生活活动。对于大班幼儿来讲，亲自动手饲养小蝌蚪是他们的乐趣，在饲养蝌蚪的过程中能够培养幼儿的观察能力、表达交流的能力、科学思考的能力和设计制作的能力。通过本次活动，幼儿能够获得关于青蛙的生长变化、基本需求、习性、与人类关系的关键经验，从而能够培养爱护青蛙的情感。

整个活动围绕饲养青蛙进行，分为三个阶段，第一阶段是探索采集青蛙受精卵的方法。第二阶段是饲养小蝌蚪，包括小蝌蚪的生长环境、食物以及生长变化等。第三阶段是延伸活动，探索青蛙与人类的关系。本次活动的设计，是自然而然发生的，是符合动物饲养的自然规律的，真正做到来源于幼儿的生活，做到大自然才是我们的活教材。通过本次活动，幼儿可以获得以下发展。

1. 发展幼儿的科学探究能力

在本次活动中，幼儿观察小蝌蚪的变化，知道小蝌蚪从青蛙的受精卵慢慢脱膜变成小蝌蚪，小蝌蚪又慢慢长出四肢、退去尾巴变成青蛙的过程，能够发展幼儿的观察能力和交流表达能力，如讨论"小蝌蚪什么时候长腿呢"；在活动中，能发展幼儿的科学思考能力，如思考"小蝌蚪喜欢吃什么"；幼儿通过实验比较蝌蚪最喜欢吃的东西，能培养幼儿的观察、实验能力。当然，这些能力之间有内在的联系，它们并不是截然分开的，这些能力的获得也并不是通过一个活动就能完成的，而是一个不断发展、不断扩充、不断形成的过程。

2. 知道青蛙的生长过程，学会饲养青蛙的方法

幼儿通过本次活动，能够细致地观察和了解青蛙是如何从受精卵变成青蛙的。在饲养过程中，幼儿知道了盛放青蛙受精卵容器的深度、温度、换水时间、所需要的营养物质以及受精卵的膜慢慢退化的过程，知道了蝌蚪是如何慢慢退掉尾巴、长出两条前腿和两条后腿变成青蛙的过程，这些是幼儿亲身体验的事情。幼儿在体验中获得关于青蛙的生活习性、基本需求、生长变化的关键经验，这些为幼儿后续学习生物，以及探究事物的生长变化奠定了基础。

3. 培养爱护小动物的情感

在这个饲养活动中，幼儿是快乐的，是积极主动的。每一次青蛙的生长发生了一点点的变化，都能够带给幼儿发现的惊喜，幼儿在惊喜中感受到科学探究的乐趣，在精心照顾小蝌蚪的过程中培养了爱护动物的情感。

总之，幼儿在饲养活动中，能力的获得如同春雨滋润麦苗一样，"润物细无声"。因此，作为教师应该多多关注教学过程，多多关注幼儿，多多关注幼儿在活动过程中经验的获得，而不仅仅是看活动后的结果，这样才能更好地促进幼儿的发展。

第五章 ·········

物质科学： 学习活动的设计与指导

第一节　集体教学活动

案例1　神秘的罐子（小班）

活动目标

1. 感知和听辨各种物体在罐中被撞击而发出的不同声音。

2. 学习运用耳朵听辨不同声音，并用语言清楚地表达自己的发现和感觉。

3. 懂得感官的用处并知道爱护自己的感官。

活动准备

1. 搜集封口的铁罐（八宝粥罐、茶叶罐）若干，分别装有小石子、沙、黄豆、纸团等，也可在罐子中放一些软的物体（如布、棉花、海绵、泡沫）。

2. 分类盒里分别装有与罐中的实物一样的物品。

活动过程

1. 集中猜测，激发探索的兴趣。

（1）教师：罐子里有东西吗？用什么方法可以知道罐子里有东西？引导幼儿调动已有经验，用感官感知物体。

（2）教师：不用眼睛看，可以怎样知道里面是什么东西？强化幼儿"不用眼睛看探索罐内物体"的规则，提示幼儿用耳朵听来分辨罐内物体。

2. 自由听辨、模仿不同物体在罐中发出的撞击声。

（1）教师：摇一摇、听一听，好像什么声音？用嘴巴学着说一说。引导幼儿用简单的象声词模拟听到的声音。

（2）教师：里面装的可能是什么？请你在分类盒中找出这样东西。鼓励幼儿自由大胆猜测罐内的物品，说出自己的理由。初步了解不同物体发出的声音是不一样的。

3. 集中玩"听听猜猜"的游戏。

（1）教师：你猜猜罐中有东西吗？可能是什么？引导幼儿用语言表达自己的猜测，然后打开罐的封口看看，检验所猜是否正确。

（2）引导幼儿听辨装有棉花或海绵的罐子，引起幼儿不断探索的欲望。

教师：这个罐子有东西吗？引起幼儿关注有的物体在罐中几乎听不到声音。

教师：听不到声音的罐子有东西吗？

教师：为什么有东西装在罐中却听不到声音呢？

[评析]

从核心概念角度来看，本活动蕴含了物质科学领域中的核心概念——声、光、电、磁、热等物理现象。在活动中，幼儿通过摇动装有不同物体的罐子并仔细听辨，能够了解到"不同的物体会发出不同的声音"，这正是幼儿在小班年龄段适宜掌握的关键经验。从已有经验角度来看，教师采用的八宝粥罐子、黄豆、沙子、棉花等材料皆来源于幼儿的生活，幼儿在日常生活中也定有"摇动罐子听声音"的经验，因而活动设计与材料选择是符合小班幼儿年龄特点和已有经验的。从科学探究能力的发展角度来看，本活动着重发展了幼儿的观察能力、科学思考能力和表达交流能力。

首先，小班幼儿的逻辑推理能力十分有限，更多地依赖直接的观察来获取信息。然而科学探究中的"观察"并非通俗意义上的"用眼睛看"，而是指运用感官（包括眼、耳、舌、鼻、身）直接获取第一手资料的方法。本活动中，教师在导入环节后引导幼儿仔细倾听物体发出的声音来猜测罐中的物体，幼儿带着好奇心有目的地去"听"，学会运用听觉感知事物的特征，很好地发展了观察能力。

其次，教师引导幼儿猜测罐中的物体是什么的过程中，幼儿必然需要联系自身已有经验，对"倾听"获取的信息进一步地加工，这实质上就是培养幼儿科学思考能力的过程。

最后，幼儿在"摇一摇，听一听"后，教师鼓励幼儿讲述自己在观察中的发现，即用嘴巴来模拟物体发出的声音，以及教师引导幼儿用语言表达自己的猜测，这些环节都是教师有意识地在发展幼儿的表达交流能力。

案例2　手电筒亮起来（小班）

活动目标

1. 知道手电筒能照明，了解手电筒是多种多样的，给人们带来方便。

2. 学习探索用推、按、拧等方法打开不同的手电筒，并用简单的语言表达自己的发现。

3. 愿意尝试解决问题，体验玩手电筒的乐趣。

活动准备

1. 师生共同搜索各种不同开法的手电筒。（手电筒数量多于班级幼儿人数，检查是否都能照亮，幼儿带来的手电筒贴上姓名标记，便于辨认）

2. 部分手电筒陈列在讲台的桌上，用盖布盖上。

3. 各种各样的手电筒图片。

4. 幼儿座位围成半圆，幼儿自带的手电筒放在椅子下（或椅子后背的挂袋中）。

活动过程

1. 创设神秘的情境，引起幼儿玩手电筒的兴趣。

（1）教师把手放在盖布下，开亮手电筒，引起幼儿关注。

• 教师：哇！是什么在亮？（幼儿自由猜测）

（2）教师揭开盖布，出示不同手电筒，引起幼儿兴趣。

• 教师：这是什么呀？这些手电筒一样吗？（幼儿简单表述）

2. 幼儿自由探索，尝试让手电筒亮起来。

（1）初次探索：用自己的手电筒。（可以关掉灯，更加凸显手电筒的作用）

• 教师：手电筒用什么方法可以亮起来呢？请你试一试自己带来的手电筒。

• 幼儿自由探索，教师注意观察，鼓励幼儿大胆尝试，并用问题"你怎么使手电筒亮起来的？"引导幼儿简单表述。

• 请幼儿将手电筒放回原位，集中交流：你用什么办法使手电筒亮起来的？（请打开方式不同的幼儿交流）

• 教师小结：手电筒是各种各样的，打开的方法也是不一样的，有的要按一下、有的要转一下、有的要推一下……

（2）再次探索：交换同伴的手电筒。

• 教师：和小朋友换一个手电筒，试一试怎样使它亮起来？看看还有什么发现？

• 幼儿自由探索，教师注意观察并用问题"你怎么使它亮起来的，和你的手电筒打开方法一样吗？你还有什么发现？"引导幼儿简单表述。

• 请幼儿把手电筒拿在手上或放在腿上，集中交流。

[评析]

从核心概念角度来看，本活动蕴含了物质科学领域中的核心概念——声、光、电、磁、热等物理现象。在活动中，幼儿通过观察不同种类的手电筒，了解到手电筒可以照明，同时学习用推、按、拧等方法打开不同的手电筒，初步尝试使用简单的工具。这些正是幼儿在小班年龄段适宜掌握的关键经验。从已有经验角度来看，手电筒是幼儿生活中常见的物品，幼儿日常生活中肯定有在停电时、黑暗处使用手电筒的直接经验或间接经验，因而，活动设计是符合小班幼儿年龄特点和已有经验的。从科学探究能力的发展角度来看，本活动着重发展了幼儿的观察能力、表达交流能力和设计制作能力。

首先，教师在导入环节出示各种各样的手电筒，引导幼儿观察手电筒的不同之处，发展了幼儿观察并发现事物明显特征、外部特征的能力。

其次，教师鼓励幼儿大胆表述自己探究的过程，以及探究过程中的发现，如手电筒不同之处、用什么办法使自己的手电筒亮起来、用什么办法使同伴的手电筒亮起来、两次使用的方法是否相同等，实质上发展了幼儿的表达交流能力，同时也是在帮助幼儿整理、概括自己探究的结果。

最后，幼儿在活动过程中学会了用推、按、拧等不同的方法打开不同的手电筒，初步学会了使用简单的工具，一定程度上也发展了幼儿的设计制作能力。

案例3　哪种纸船沉得快（中班）

活动目标

1. 感知纸船沉浮快慢与纸的吸水性不同之间的关系。

2. 根据观察到的现象，如实记录实验结果。

3. 积极参加探索活动，大胆表达自己的发现。

活动准备

蜡光纸、普通白纸、皱纹纸及用这些纸折成的小船若干，活动记录单每组一张，眼药水塑料小瓶若干。

活动过程

1. 认识常见的三种纸。

教师出示三种纸，引导幼儿观察并说出它们的名称。

2. 幼儿猜测哪种纸船沉得快。

（1）教师：用这三种纸分别折成纸船，把小船放到水里会怎样呢？哪种纸船沉得快？

（2）出示用三种纸折的小船，引导幼儿猜测并将自己的猜测结果用数字记录在记录单中。

（3）幼儿自由交流猜测结果。

3. 实验并记录结果。

（1）幼儿分组实验，将三种纸船同时放入水中，观察并记录结果。

（2）交流实验结果，教师根据幼儿的发现将结果记录在大记录表上。

4. 探索原因，感知纸船沉浮快慢与纸的吸水性不同之间的关系。

（1）教师：同样是纸船，为什么沉下去的速度不一样呢？

（2）观察吸水性实验。幼儿将眼药水塑料小瓶中的清水分别滴一滴到蜡光纸、普通白纸、皱纹纸上，观察纸吸水速度的不同，并且与沉船实验结果相对应，寻找原因。

（3）小结：不同的纸吸水速度是不同的，吸水快的纸船就下沉得快。

[评析]

纸船是幼儿日常生活中较为常见的游戏材料，幼儿在游戏的过程中也定会遇到纸船在水中会逐渐下沉的困扰。本活动从幼儿的日常生活经验出发，为幼儿创设情境来解决实际问题，非常符合幼儿的已有经验和实际需要。从核心概念角度来看，本活动蕴含了物质科学领域中的核心概念——物体与材料的特性、物体的位置和运动。幼儿通过探究不同材质的纸船下沉速度的快慢，一方面能够感知不同材质纸的吸水特性，另一方面能够初步感知浮力以及纸张吸水性与下沉速度之间的关系，这正是幼儿在中班年龄段适宜掌握的关键经验。中班幼儿已经逐渐摆脱事物外在特征的束缚，认识到事物之间的联系，进行一定程度的概括，因此，活动目标"感知纸船沉浮快慢与纸的吸水性不同之间的关系"设置得较为恰当。从活动过程来看，大致分为"提出问题—做出假设—实验验证—探索原因"，四个步骤简单明了，由于中班幼儿已经具有了一定的探究能力，教师并没有占用过多的集中讲评时间，而是把更多的时间留给幼儿去自由探索。从科学探究能力的发展来看，本活动着重发展了幼儿的观察实验能力、科学思考能力和表达交流能力。首先，观察每种纸船的下沉时间、哪种纸船沉得快、哪种纸船沉得慢，这充分培养了幼儿的观察实验能力；其次，幼儿与同伴交流猜测的结果和实验结果、学习记录自己的猜想和实验的结果，这些都发展了幼儿的表达与交流能力；最后，教师引导幼儿思考不同材质的纸船下沉速度不一样的原因，发展了幼儿的科学思考能力。

案例4　水油分离（中班）

活动目标

1. 观察水、油混合时互不相溶的现象。

2. 通过细致观察和动手操作，发现水油混合后一些有趣的现象，了解不管用什么方法，静置一段时间后油在上，水在下。

3. 操作中能细致观察，愿意积极地表述自己的发现。

活动准备

1. 两个玻璃小瓶分别装等量的水和油、小托盘、抹布、小棒、塞子。

2. 水、油、大号乐扣塑料杯。

活动过程

1. 出示水和油，引发幼儿大胆猜测，并调动已有经验，回忆油的用处。

（1）提出谜语：一种东西真奇妙，无形无色无味道，动植物离不了，竹篮装它全漏掉。（水）

（2）出示装油的瓶子，引发幼儿大胆猜测。教师：这可能是什么呢？

（3）教师：你在哪里见过油？它可以用来干什么？

2. 提出问题引发幼儿大胆猜测。

（1）教师：有一位粗心的厨师不小心把水和油倒进了一个瓶子里，猜猜瓶子里会怎样。

（2）幼儿大胆猜测，并表述自己的理由。

3. 幼儿自主尝试。

（1）教师：油和水倒进一个瓶子里究竟会怎样，我们怎么才能知道呢？怎样把水和油倒在一个瓶子里呢？（把水倒进装油的瓶子里，把油倒进装水的瓶子里）

（2）幼儿自主实验，并观察现象。

（3）交流观察到的现象。

（4）教师：不管是把水倒进油里，还是把油倒进水里，我们看到油都会浮在水的上面。油和水能不能混在一起？你能不能想办法把油和水混在一起呢？提供工具（小棒、塞子），幼儿带着问题再次自主尝试。

（5）幼儿操作并交流观察到的现象。教师：你发现了什么？

4. 用密封塑料杯再次实验，引导幼儿聚焦并细致观察。

（1）同时倒水和油，引发幼儿观察，尝试用身体动作、语言表述自己的发现。

（2）教师：刚才我们发现油和水还是会分开的，是不是摇晃的时间不够，摇晃的力气不够大呢？这次我们玩"开火车"，一个接一个摇杯子，看看能不能把油和水混在一起。

（3）用"开火车"的方式，延长摇杯子的时间，幼儿用更加剧烈的方式摇杯子，教师在过程中引导幼儿观察杯中的变化。

（4）集体关注杯中的变化，描述自己的发现。教师：一开始怎么样，接着渐渐地怎么样？

5. 引导幼儿再次观察自己瓶中的油和水。

教师：刚才你们瓶里的水和油好像混在了一起，现在放了一会儿，看看有没有什么变化。

6. 拓展思考。

教师：今天我们把水和油倒进了一个瓶子里，使劲儿晃一晃，好像水和油混在了一起，可是放了一会儿发现又分开了，可是中间还是有点混，再过一会儿可能会是什么样呢？明天看呢？一个星期以后看又会是什么样呢？我们把混合的水和油放在区域里你们自己去看一看……

〔评析〕

在幼儿的日常生活中，水是非常熟悉、随处可见的，幼儿喜欢玩水。然而，幼儿对于油相对来说是比较陌生的，因此，教师在活动开始时导入两种物体的方式有所区别：对于水，教师提出谜语让幼儿猜测；对于油，教师直接出示实物，调动幼儿的已有经验。这两种不同的导入方式恰到好处，十分符合中班幼儿的年龄特点和已有经验。从核心概念角度来看，本活动蕴含了物质科学领域中的核心概念——物质与材料的特性。幼儿通过尝试和探索，能够了解水和油的不同特性，认识到水和油是互不相溶的，这正是幼儿在中班年龄段适宜掌握的关键经验。从活动过程来看，教师设计得十分巧妙：教师先提出问题，然后让幼儿亲自将水和油倒在一起，这让幼儿对于水油互不相溶的现象印象深刻；活动进行到这里，幼儿已了解水油互不相溶，但教师并没有就此结束，而是继续创设情境，反过来让幼儿想办法使得水油相溶；幼儿尝试各种各样的方法还是不能使水油相溶，这更加强化了幼儿对于水油互不相溶的理解。从科学探究能力的发展来看，观察水与油混合后的现象、摇动水油混合物后的变化等都发展了幼儿的观察能力，而教师引导幼儿猜测"油可能是用来干什么的"，以及表达自己实验的发现等，则发展了幼儿的表达交流能力。

案例5 弹性（大班）

活动目标

1. 对弹性物体感兴趣，了解弹性物体的特性及在日常生活中的用途。

2. 在探索操作中，感知物体的弹性，了解物体弹性的用途，获取有关弹性的科学经验。

3. 激发探索科学现象的兴趣，有初步关心周围事物的习惯以及观察和操作能力。

活动准备

1. 师幼共同收集各种弹性明显与不明显物品若干，如皮筋、皮球、海绵、瘪皮球、干海绵、弹簧、直铅丝、松紧带、塑料玩具、橡皮泥、弹簧秤、乒乓球、塑料薄膜、木球、毛线、编织绳、积木等。

2. 人手一张长纸条。

活动过程

1. 幼儿自由探索，激起幼儿兴趣，发现周围有弹性和没弹性的物体。

（1）出示弹簧，引导幼儿关注其弹性。

●教师：这是什么？它有什么特点？引导幼儿明确：弹簧有弹性。

●教师：这儿有一些东西，请你们试着玩一玩，用手压一压、拉一拉、捏一捏、拍一拍，看看哪些东西是有弹性的。

（2）幼儿找出弹性物体并说出理由。

●教师：你觉得哪个是有弹性的，为什么？

（3）教师小结：有些东西很有趣，它们有弹性。我们用力拉它或压它的时候，它就会改变形状，手一松，它又能变回原来的样子。

2. 观察比较不同的物品在操作过程中所表现出来的不同现象，讨论、理解物体的弹性。

（1）将海绵、橡皮泥、积木分别用力捏一下，再松开手来，看一看它们发生的变化。

（2）分别拍乒乓球、塑料球、木球，仔细观察哪一种球跳得高。

（3）分别将编织绳、毛线、松紧带拉一拉，看一看哪根有变化。

（4）用弹簧秤挂上重物，再取下，观察弹簧的变化。

3. 联系实际生活加深对弹性的认识和理解。

（1）教师：你们在生活中还见过哪些有弹性的物体？（如袜子、衣服、轮胎、沙发、被子、皮肤等）

（2）教师：这些物体有了弹性给我们生活带来哪些好处？

4. 尝试利用物体的弹性，创造性地制作弹性玩具。

（1）出示两张长纸条。教师：这张纸条有弹性吗？怎么变化一下就可以做成一个有弹性的纸玩具呢？

（2）幼儿自由尝试，教师观察幼儿的操作。

（3）请制作成功的幼儿展示、介绍自己的作品。

●教师：谁用纸做出了弹性玩具了？你是怎么做的？我们大家一起来看一看这个纸玩具有弹性吗？

[评析]

弹性是物体在受到外力而改变形状之后，撤去外力时又恢复原来形状的性质。实际生活中，有些物体的形状改变是肉眼无法观察到的。在幼儿阶段，教师选用那些弹性现象明显的物体来让幼儿观察和探索，对于其他物体有没有弹性的问题则可回避。大班幼儿在生活当中已经接触到一些弹性物体，如皮筋、皮球等，他们对于这些具有弹性的物体十分好奇，因而本活动从幼儿实际生活经验出发，利用幼儿身边的事物（如干海绵、弹簧、松紧带、橡皮泥等）作为操作材料，创设适宜的探索情境，来丰富幼儿的经验。

从核心概念角度来看，本活动蕴含了物质科学领域中的核心概念——物质与材料的特性。幼儿通过探索，能够了解这些弹性物体的特性以及弹性在日常生活中的用途，这正是幼儿在大班年龄段适宜掌握的关键经验。活动过程中，教师先引入具有明显弹性特征的弹簧来丰富幼儿关于弹性的经验，然后让幼儿自由探索，找出同样具有弹性的物体，这部分的设计符合幼儿的认知特点，十分合理。从科学探究能力的发展来看，教师引导幼儿分辨哪些物体是具有弹性的，观察并对比不同物体在操作过程中的不同现象，很好地发展了幼儿的观察能力；教师引导幼儿阐述认为某物体具有弹性的理由、列举生活中具有弹性的物体以及弹性给我们生活带来的好处，发展了幼儿的表达交流能力；教师有意识地引导幼儿制作弹性玩具，发展了幼儿的设计制作能力。

案例6　沉浮系列活动（大班）

活动1　什么是沉，什么是浮？

活动目标

1. 知道沉就是物体掉到水底下，浮就是物体浮在水面上。

2. 能细致观察并大胆表述自己的发现，做出自己的判断。

活动准备

1. 塑料水盆每组一个，大、小塑料球、木板、圆木柱、花片、海绵、铁制秤砣、铁夹子、钢制门铃、石块若干。

2. 擦手毛巾、展板。

活动过程

1. 明确"沉""浮"概念。

（1）集体观察物体的沉浮状态，明确判定"沉"与"浮"的标准。

●教师：老师这里有两个东西（沉浮各一个），你们看看它们一样吗？如果把它们放到水里，会怎么样呢？

●教师：有的小朋友说是掉到水底下，有的说是漂在水面上，我们把它们都放到水里看看到底是掉到水底下，还是漂在水面上？老师把东西放到水里的时候，请小朋友们仔细观察，看看这两个东西刚放到水里是什么样子的，最后停下来不动的时候是什么样子的，这个时候这两个东西停在什么地方？请小朋友们把它们的样子记在心里，待会老师请你们把自己的发现告诉大家。

●师幼共同讨论注意事项——卷起袖子，轻轻放入水中，手不可以弄湿。（要求幼儿重复注意事项）

●幼儿集体观察教师演示，幼儿讲述自己的发现。

●教师：刚才小朋友都说了自己的发现，我们把像这个一样放到水里一直掉到水底下不再起来的叫作沉，把像这个一样最终停在水面上的叫作浮。（教师追问：我们怎么知道一个东西是沉还是浮呢？确保幼儿明确沉浮状态与相应词语的对应关系）

（2）指认各种操作材料。

●教师（出示材料）：老师这里还有一些东西你们都认识吗？（请幼儿个别讲述）

2. 预测物体在水中的沉浮现象。

●教师：请每个小朋友选一样你认为沉的和浮的东西，然后试一试，看看和你想的一样吗？还要看一看它是怎么沉下去的，是快快地，还是慢慢地？然后看看它最后停在水的什么地方？

3. 验证操作。

幼儿自由操作，教师与幼儿个别交流，了解其发现和想法。

4. 集体交流。

（1）教师请幼儿讲述自己的发现，并让幼儿明确沉浮状态与"沉浮"词语之间的对应关系。

（2）集体验证。（每种材料请一位幼儿示范，规范操作规则）

（3）教师总结什么是沉，什么是浮，然后提出问题：为什么有的东西会沉、有的东西会浮呢？（请幼儿带着问题课后继续思考）

活动 2　重的沉、轻的浮

活动目标

1. 能从轻重不同的物体中区分重的东西和轻的东西，知道重的会沉、轻的会浮。

2. 能通过与同伴的交流共同发现影响物体沉浮的原因。

活动准备

1. 塑料水盆每组一个，形状、大小相同、质量不同的小方块每个幼儿三个。

2. 画有材料图标的记录单及笔人手一支。

3. 擦手毛巾、展示记录单的展板。

活动过程

1. 回忆已有经验，进一步明确判断"沉浮"的标准。

（1）教师：上次我们玩了"沉浮"游戏，谁来说一说沉的东西是落在水的什么地方。浮的呢？那我们是把一个东西放到水里就看它是沉还是浮，还是什么时候看它是沉还是浮呢？

（2）教师：也就是说我们把一个东西放到水里，等它基本上不再动的时候，如果它停在水底，那么就叫沉，如果不停在水底，而是漂在水面上，我们就把它叫作浮。

2. 幼儿猜测、验证小立方体的沉浮状况。

（1）教师：今天老师给每位小朋友准备了三个小方块，你们觉得它们一样吗？如果把它们放到水里，你觉得它们会沉还是浮呢？为什么你认为它是沉或浮的呢？请你一个一个猜猜看，然后把你猜测的结果记录下来。

（2）教师：记录好的小朋友请你把自己的三个小方块轻轻放到水里，看看它们是沉还是浮。和你猜的一样吗？如果不一样，请你想想是什么原因。如果一样，你又有什么新的发现呢？如果你认为你已经观察仔细了，也思考清楚了，请把你观察到的结果记录下来，想想看应该记在记录单的什么地方，怎样能记得又快又清楚。

（3）幼儿进行实验并做记录，教师观察幼儿实验过程。个别指导：检查实验操作与记录规则的执行情况，个别了解幼儿的发现及对沉浮原因的解释。

3. 集体交流。

（1）教师：现在请小朋友们说说你的发现，你的三个小方块中，原先你认为哪个沉哪个浮，实验以后哪个沉哪个浮，你觉得是什么原因？我们来看看是不是这样呢？（幼儿表述）

（2）教师：我们今天发现重的东西会……（沉），像我们今天玩的××就是这样；而轻的东西就会……（浮），像××。

（3）教师：可是我发现这两个重的东西一个是快快地沉下去，另一个是慢慢地沉下去，你们觉得是什么原因呢？

活动3　重的一定沉吗？

活动目标

1. 通过实验操作，知道重的东西未必沉，思考影响物体沉浮的因素。

2. 面对矛盾事件能积极主动地探索、思考，寻求自己的解释。

3. 能倾听他人想法，发现自己和他人想法的异同。

活动准备

塑料水盆每组一个，西瓜、西红柿、杧果、香瓜、甜瓜、伊丽莎白瓜若干，擦手毛巾。

活动过程

1. 回忆已有经验，明确重的东西会沉。

（1）教师：上次我们用三个一样大的小方块做了什么游戏啊？谁来说说你的发现？为什么一个是浮的，其他两个是沉的呢？

（2）教师：哦，上次我们把这三个一样大的方块放到水里，2号和3号会沉下去,因为它们怎么样?1号会浮起来,因为它……

2. 幼儿选择会沉下去的水果并给出自己的解释。

(1)教师:今天老师又带来一些水果,你们都认识吗?(集体指认)

(2)教师:待会儿,请小朋友每人选一个你认为会沉下去的水果,然后想一想为什么你认为它会沉下去。

(3)师幼共同讨论操作规则(轻轻拿,轻轻放,不要拥挤),以及倾听时的要求。(静静地听别人的发现和想法,然后想一想他的发现和你的一样吗?你同意他们的想法吗?有没有不同的意见?如果有,要怎么样?那什么时候说出自己的发现和意见呢?是在别的小朋友说的时候,还是在什么时候?)

3. 幼儿验证自己的猜测。

教师:请小朋友到你们小组的水盆边去试一试,看看你选的这个水果是沉还是浮,然后想一想,为什么它是沉的或是浮的。(教师个别指导幼儿确定自己选的水果的沉浮,思考为什么沉或浮)

4. 集体交流。

(1)教师:刚才每个小朋友都做了实验,下面老师请每位小朋友说说自己的发现和思考,别人在说的时候我们要怎么样呢?

(2)教师:你选的是什么水果?刚才为什么你觉得它是沉的?实验以后呢?我们来看看是不是和他说的一样(幼儿集体验证)。你觉得它为什么会浮起来呢?

(3)教师:你们同意他的说法吗?其他也选××的小朋友,你们有不同的意见吗?(请幼儿按水果种类陈述自己的解释,并集体验证)

(4)教师:今天我们把这些重的水果放到水里,结果怎么样啊?(有的沉、有的浮)看来重的东西不一定沉,它也会怎么样?那为什么重的东西也会浮呢?小朋友都说了自己的想法,有的认为……有的认为……有的觉得还是想不明白。那么请小朋友回去以后再想一想,还可能是什么原因呢?

活动4　让沉的浮起来（一）

活动目标

1. 通过实验操作，知道物体的重量与其沉浮状态有关，并初步感知物体重量的连续变化对其沉浮状态的影响。

2. 能通过持续的观察和探究解决问题，并给出自己的解释。

活动准备

1. 塑料大水盆四个、小塑料瓶人手一个，围棋子若干。

2. 记录单及笔人手一支，擦手毛巾、展板。

活动过程

1. 整理前两次沉浮活动经验，引导幼儿产生困惑。

（1）教师：前几次我们玩了什么游戏啊？今天老师带来了我们第二次玩的三个小方块，谁来说说你的发现？为什么1号方块浮，2、3号方块沉呢？（鼓励幼儿表达不同的意见）

（2）教师：那上次我们又做了什么沉浮游戏呢？你有什么发现？这两次游戏比一比，你发现了什么？

（3）教师：为什么三个一样大的方块中重的沉下去了，轻的浮起来了，而重的西瓜却浮起来了，轻的杧果却沉下去了？

2. 幼儿解决问题。

（1）教师：这个小瓶子（空的）想带围棋子好朋友过河去（浮在水面上），你们觉得它一次最多能带多少个围棋子好朋友过河呢？（帮助幼儿明确什么是"一次带最多的围棋子好朋友"）

（2）教师：待会儿请小朋友去试一试，看看小瓶子最多一次能带多少个围棋子好朋友过河？然后把你的结果记录下来。

（3）幼儿操作，教师个别指导（进一步明确规则和要求）。

3. 集体交流、验证。

教师：哪位小朋友来说说自己的发现？你的小瓶子一次最多能带多少个围棋子好朋友过河？你怎么知道这就是最多的围棋子好朋友呢？我们一起来看一看。（演示幼儿与全体幼儿及教师共同数数，检验数量是否有误，再验

证，若正确可思考是否为最大值，若错误可思考可能的解决方法）

4. 教师总结。

教师：今天我们做的实验你发现了什么？你觉得是什么原因呢？其他小朋友有什么不同的意见？你是怎么想的呢？为什么小瓶子里装 29 个围棋子的时候是浮起来，装 30 个就沉下去呢？

活动5 让沉的浮起来（二）

活动目标

1. 通过实验操作，探索让沉的东西浮起来的各种方法，初步感知物体体积、空实心、材质等对物体沉浮状态的影响。

2. 能通过持续的观察和探究解决问题，并且给出自己的解释。

活动准备

1. 塑料水盆四个，装满围棋子的小塑料瓶人手一个，木板、圆木柱、肥皂盒、敞口塑料盒、空矿泉水瓶、塑料袋若干。

2. 橡皮筋、擦手巾、展示板。

活动过程

1. 回顾前次活动经验，对物体沉下去的临界重量产生困惑。

（1）教师：上次我们玩了什么游戏？你发现了什么？你觉得为什么会这样？引导幼儿思考为什么小瓶子里装 29 个棋子的时候是浮的，装 30 个时就是沉的。

（2）教师：谁有不同意见？为什么？

（3）教师：我们发现，小瓶子带的围棋子好朋友少一些它就能过河，带的多就过不了河了。

2. 提出新的问题请幼儿解决。

（1）教师：今天小瓶子想把满满一瓶子的围棋子好朋友一次都带过河去，该怎么办吧？谁来帮它想想好办法？

（2）教师：老师今天给小瓶子请来一些好朋友，这些东西你们都认识吗？你认为这些好朋友都能带小瓶子过河吗？谁有什么好办法？

（3）教师：请小朋友选一种你认为可以帮小瓶子把所有围棋子好朋友都带过河的好朋友，然后想一想怎么带过去呢？再去试一试你的猜想，待会儿老师请你把你的好办法给大家演示一下。

3. 幼儿操作，教师个别指导。

教师：你选的什么材料？它能帮小瓶子把满满一瓶子的围棋子好朋友都带过河吗？

4. 集体交流、验证。

教师：刚才小朋友都请了不同的好朋友去帮小瓶子，谁来说说你是怎么做的，发现了什么？（你选的什么好朋友？它能把一瓶子围棋子好朋友带过河吗？为什么能？为什么不能？）

[评析]

此系列活动以"沉浮"为主题，教师组织了一系列关于沉浮的探究活动，包含五个各有侧重点的活动。沉浮是日常生活中较为常见的现象，有的幼儿在生活中会惊奇地发现有的物体可以浮在水面上，而有的物体会逐渐沉下去……因此，本活动从幼儿的实际经验出发，利用幼儿身边的事物（如木板、塑料球、海绵、水盆等）作为操作材料，系统地组织了一系列探究活动，来丰富幼儿关于沉浮的经验。

然而，正确理解沉浮的概念需要幼儿同时考虑物体质量和体积的影响，这是幼儿阶段所不可能理解的科学原理。但是从观念转变的角度看，大班幼儿已经能够根据观察到的现象，结合已有的经验进行合理的推论，他们有能力形成自己有关沉浮的"朴素理论"。而将沉浮的内容放在大班阶段，其目的是引发幼儿自己的解释性理解，并促使其原有观念在新的证据之下发生转变。本系列活动的重点不在于理解沉浮的物理原理，而是让幼儿观察物体的沉浮现象，探究沉浮的影响因素，探索使物体由沉至浮、由浮至沉的方法，引导幼儿自己尝试解决有关沉浮的问题，形成自己的解释，帮助幼儿丰富和拓展关于沉浮的关键经验。教师在每个活动中引入的问题情境，则对幼儿已有的沉浮理解形成挑战，促使其反思自己的理解，倾听并评判别人的不同解释。

系列活动的每一个活动中，教师都会引导幼儿回忆前一个活动获得的经验，并用幼儿自己的语言进行表达，这表明每一个探究活动并不是凭空产生的，而是基于幼儿已有经验之上的。每一个活动内在联系十分紧密，层层递进。活动一中，教师引导幼儿集体观察两个物体（一沉一浮）在水中的状态，分享自己的发现，以此明确"什么是沉、什么是浮"。在之后自由探索物体沉浮的过程中幼儿更加明确沉浮的定义，同时也发展了幼儿的观察实验能力和表达交流能力。活动二中，幼儿在了解"什么是沉、什么是浮"的基础之上，猜测并验证不同重量物体的浮沉情况，知道重的物体会沉下去、轻的物体会浮起来，同时发展了幼儿的观察能力和科学思考能力。活动三中，在幼儿知道重的物体会沉下去、轻的物体会浮起来的基础之上，教师提出"重的物体一定会沉下去吗？"来冲击幼儿的已有认知，并且提供不同的水果为材料供幼儿探索，幼儿通过观察发现不是所有的重的物体都会沉下去，并运用这些新的证据来修正自己的认知，极大地发展了科学思考能力。活动四中，教师引导幼儿感知物体重量的连续变化对其沉浮状态的影响。活动五中，教师引导幼儿关注物体的体积、材质和空实心，通过改变这些影响因素使得重物浮起来，在这两个活动中幼儿都是运用已有经验来解决实际生活中的问题，发展了科学思考能力和设计制作能力。

第二节　区域学习活动

案例1　彩色的镜片

适合年龄段：小班、中班

材料说明

由混色眼镜（含六个彩色镜片）、陀螺（含六片双面都有颜色的色卡）、六张半透明的彩色镜片及六张活动卡片。

核心概念

1. 三原色是红、黄、蓝，三间色是橙、绿、紫。

2. 红、黄、蓝色两两调配能够产生三间色，即红+黄＝橙，黄+蓝＝绿，红+蓝＝紫。

幼儿经验

幼儿通过叠加不同颜色镜片观察事物的操作，认识到红、黄、蓝色两两调配分别产生橙、绿、紫三种颜色。

幼儿玩法

◆混色眼镜

1. 自由地将红、黄、蓝三种颜色的镜片分别插在眼镜上观察事物，感受三原色的色彩。

2. 将三种颜色的镜片两两组合插在眼镜上观察事物，探索红、黄、蓝三原色交叉重叠后所呈现的新颜色，并记录在卡片上。

◆彩色镜片

1. 分别透过红、黄、蓝三种颜色的镜片观察事物，感受三原色的色彩。

2. 红、黄、蓝三种颜色的镜片两两组合，观察三原色交叉重叠后所呈现的新颜色，并记录在卡片上。

◆陀螺

1. 分别将双面色卡放在陀螺上，转动陀螺，感受颜色动态叠加的效果。

2. 尝试改变转动陀螺的速度，观察色卡呈现的颜色、形状是否发生变化。

教师指导：引导幼儿探索三原色（红、黄、蓝）两两叠加后产生的颜色。

[评析]

在我们的日常生活中，各种各样的颜色随处可见。小班、中班年龄阶段的幼儿已经开始关注较为鲜艳的颜色，有的甚至偏爱其中的某一种颜色。如果询问他们"你喜欢哪种颜色？"他们会非常肯定地回答"我喜欢红色。""我喜欢紫色。"……因而，教师在区域活动中设置有关颜色的活动非常符合这个年龄阶段幼儿的兴趣点，能够激发他们探索的欲望。此外，教师投放的镜片、眼镜、陀螺等材料均是幼儿在生活中常见、喜爱的玩具材料，并且更换镜片、旋转陀螺等操作也较为简单，总的来说符合这个年龄阶段幼儿的年龄特点和已有经验。本活动分为"混色眼镜""彩色镜片""陀螺"三个子活动。"混色眼镜"和"彩色镜片"两个活动较为相似，实为平行活动。幼儿先通过更换红、黄、蓝三种不同颜色的镜片，透过这些镜片观察周围的事物，他们会分别看到红、黄、蓝三种颜色的世界，切身感受到红、黄、蓝三种颜色的美感；进而叠加不同颜色的镜片，继续透过镜片观察周围的事物，体验颜色的变化并尝试以自己的方式记录下来，在这个过程中不断发展他们的观察能力和表达交流能力。对于发展水平较高的幼儿，教师可以进一步引导其思考颜色变化内在的规律，有意识地培养其科学思考能力。"陀螺"活动中，幼儿通过观察陀螺转动时颜色的变化，初步感受动态叠加的效果，教师鼓励幼儿用自己的语言描述陀螺转动时的变化，不仅可以发展观察能力，还能逐步培养幼儿的表达交流能力。对于发展水平较高的幼儿，教师可以在此基础上引导幼儿改变转动的速度，进一步观察其变化。

案例2　组装小能手

适合年龄段：中班、大班

材料说明

由一个手电筒、两节电池。

核心概念

电池要正负相接，首尾相连，才能形成电流通路。

幼儿经验

幼儿通过安装手电筒、电池的探索性操作，认识电池的正负极，初步认知闭合电路，掌握电池安装的一般方法。

幼儿玩法

1. 拆卸手电筒及电池。

2. 观察电池，尝试找出电池的秘密。（电池两头的形态特征，"＋""－"标志的意义）

3. 自行组装电池，使得手电筒再次亮起来，能用自己的语言表达出让手电筒亮起来的电池装法，尝试用自己的方式进行记录。

教师指导

1. 引导幼儿观察电池的特征，鼓励幼儿制作自己的观察记录表。

2. 启发幼儿思考"为什么电池一定要这样装，小灯泡才能亮起来?"

［评析］

手电筒是中、大班幼儿生活中常见的物品，他们在日常生活中也有使用手电筒的直接经验或间接经验，所以在中、大班区域中投放手电筒这一材料是十分适宜的。在活动中，幼儿通过拆卸手电筒、观察其内部结构、尝试安装电池等一系列探索活动，能够认识电池的正负极，初步认知闭合电路，并且不同程度地掌握电池安装的一般方法。这与大班幼儿需要"了解简单的电路"的关键经验是相适宜的。但是同一年龄阶段的幼儿也不可避免地存在着个体差异，因而教师将它放入区域活动中，不同发展水平的幼儿可以在区域中自由地以不同的程度操作材料：发展水平较低的幼儿可以拆卸手电筒的电池，仔细观察其内部结构，了解手电筒是由干电池供电发亮的，发展幼儿的观察能力；也可以在拆卸的基础上，观察电池的特征，初步理解"＋""－"标志的意义，发展幼儿的观察能力和科学思考能力；发展水平较高的幼儿可以在观察电池的基础之上，尝试着重新组装手电筒使之亮起来，并且思考闭合电路的连接方式，发展幼儿的科学思考能力和设计制作能力。

案例3　传声筒

适合年龄段：中班、大班

材料说明

八个听筒、十二个电话转接管、十二根（1100 毫米×25 毫米）传声管、三根（3165 毫米×25 毫米）传声管。

核心概念

声音通过气体、液体、固体等介质传播。

幼儿经验

幼儿通过使用传声筒交谈，体验并发现声音在气体、固体中传播速度的不同。

幼儿玩法

1. 两名幼儿结伴游戏，在传声管的两端接上听筒后交谈。

2. 多名幼儿共同游戏，每个幼儿选择一根传声管并接上听筒，然后利用电话转接管将传声管连接起来，共同交谈。

教师指导

引导幼儿发现通过传声筒交谈和直接交谈之间的区别。

〔评析〕

电话是学龄前幼儿日常生活中常见的物品，他们大多有接电话、打电话的直接或间接经验。从某种程度上来说，幼儿十分喜爱模仿成人打电话，因此，"传声筒"这一活动密切联系幼儿的日常生活经验，为幼儿提供机会使用传声筒模拟打电话的场景，是非常符合幼儿年龄特点和兴趣爱好的，能够激发起他们探索的欲望。幼儿通过使用传声筒交谈，能够了解到声音是可以通过固体传播的，这也是中、大班幼儿在声、光、电、磁、热等物理现象方面需要掌握的关键经验。此外，此活动设置在区域中是为了满足不同发展水平幼儿的需求。幼儿在区域中可以自由地以适合自身发展水平的方式操作材料：发展水平较低的幼儿可以两两结伴，自由组装后尝试轮流使用传声筒交谈和直接交谈，初步感知声音在固体中的传播；发展水平较高的幼儿一方面可以多人结伴，有目的地组装更为复杂的传声装置，发展其设计制作能力，另一方面教师也可有意识地引导幼儿仔细倾听，对比"使用传声筒交谈"和"直接交谈"声音的区别，发展其观察能力和科学思考能力。

案例 4　滑滑球

适合年龄段：小班、中班

材料说明

底座、彩色插片、小球。

核心概念

物体受重力作用影响，重力的方向总是竖直向下。

幼儿经验

观察小球下滑的轨道，发现小球沿花瓣式轨道螺旋下滑，感知在高处的小球受重力作用影响，最终滑落到滑道底部。

幼儿玩法

1. 拼搭轨道。

2. 从滑道塔顶部或任意一处将小球释放，观察小球下滑的轨迹。

教师指导

引导幼儿尝试在不同高度将小球释放，观察比较小球到达底部时速度的差异。

[评析]

学龄前幼儿其实在很早的时候就已经发现：底部没有支撑的物体会从高处竖直落下，在某个阶段他们甚至喜欢反复地将物体举高、松手，然后任凭物体竖直落下。本活动正是关注到小、中班幼儿日常生活中的已有经验，进一步丰富他们关于"物体受重力影响，竖直落下"的经验，这也正是适合小、中班幼儿在这一年龄阶段掌握的关键经验。此外，本活动的操作过程也比较简单，较为适合小、中班幼儿。在活动过程中，幼儿有意识地运用彩色插片来拼搭自己的轨道，有利于其设计制作能力的发展。教师在幼儿操作小球前可以引导幼儿对于小球的运动状态进行猜测，比如"你觉得松手以后小球会怎样啊？"然后让幼儿操作材料来验证自己的猜想是否正确，初步感知重力的作用。对于发展水平较高的幼儿，教师还可以引导其思考小球顺轨道滑落的原因，发展其科学思考能力。

案例5 磁棒建构

适合年龄段：中班、大班

材料说明

磁珠、各种形状的磁块（如正方形、长方形、拱形等）。

核心概念

1. 磁铁异极相吸、同极相斥的作用原理。

2. 组合与分解。

幼儿经验

认识磁珠和不同形状、造型的磁块。幼儿通过组装搭建各种生活中常见的事物，尝试简单的工程设计，完成对已有的生活经验的迁移。

幼儿玩法

根据已有的生活经验，将磁珠和磁块相互连接和拼搭，尝试自由搭建不同的作品。

教师指导

确定主题（如一座城堡），让幼儿分组或合作搭建。

〔评析〕

建构游戏是幼儿园中常见的一种游戏形式，有利于幼儿空间知觉能力的发展。此活动将建构游戏与感知磁铁的特性这一核心概念结合在一起，极大地激发了幼儿探索的兴趣和热情。对于中、大班幼儿来说，了解磁铁同极相斥、异极相吸的特性也正是这一年龄阶段幼儿适宜获得的关键经验。在活动过程中，幼儿可以自由地运用这些材料有目的地搭建起不同的事物，有利于其设计制作能力的发展；幼儿也可以在搭建的过程中感受相吸的感觉，这时候教师可以有意识地鼓励幼儿大胆地分享这种感受，并通过提问"为什么会有这种感觉啊？"引导其深入思考，感知磁铁的特性，有利于其科学思考能力和表达交流能力的发展。处于较高发展水平的幼儿还可以多人合作，协商后分工合作，共同搭建一个大型物体，有利于发展其交流合作能力。

第六章

地球与空间科学： 学习活动的设计与指导

第一节　集体教学活动

案例1　玩水（小班）

活动目标

1. 感知水的特性，知道水是无色、透明、会流动的。

2. 观察发现玩水时的有趣现象。

3. 在游戏中体验玩水的乐趣。

活动准备

大水盆3—4个（内装有半盆水），幼儿自带各种玩水工具、玩具（包括漏勺、各种形状的有机玻璃器皿等）。

活动过程

1. 运用多种感官感知水的特性。

（1）教师（请幼儿围坐在大水盆前）：这是什么？

（2）教师：请你看一看、闻一闻、捞一捞，再说一说水是什么样子的。引导幼儿感知水是没有颜色、没有味道的，会从手指缝里漏出来。

2. 进行各种玩水的游戏，体验玩水的乐趣。

（1）教师：你带来了什么？你想用它怎么玩水？请幼儿介绍自己带来的玩水工具。

（2）幼儿自由用带来的材料玩水，教师适时询问幼儿有什么发现和感受。

3. 引导幼儿关注玩水时发生的有趣现象。

（1）鼓励幼儿用各种形状的器皿装水，观察水随容器改变形状的现象。

（2）可以选择器皿舀水，运往另一个水盆里。

4. 幼儿相互交流玩水时的体验和发现。

教师：玩水的时候你发现了什么有趣现象？

要点提示　（1）此活动应安排在天气较热时进行，活动过程中应提醒幼儿注意玩水的规则：安全、卫生等。（2）小班幼儿的观察力不是很强，需要直观地呈现才能比较出来，教师要引导幼儿大胆说出自己的发现，并肯定他们的发现，哪怕只是一个小小的发现。

[评析]

从科学概念角度来看，此活动蕴含了地球与空间科学领域中的核心概念：地球物质的特性。对于小班幼儿来说，教师要帮助幼儿获得关于水特性的关键经验，整个活动也紧密围绕此点展开，让幼儿通过玩水，了解水是无色、透明、会流动的。本次活动的环节设计对小班幼儿来说也是适宜的，此阶段幼儿对事物和现象的认识主要是通过感知观察，从而获得对事物表面特征的认识。在活动设计中教师引导幼儿看一看、闻一闻、捞一捞、说一说，强调多感官的调动和动作的参与。本次活动主要发展幼儿的观察能力及表达交流能力。对于小班幼儿来说，观察相对而言不受思维水平的制约，是小班幼儿需要发展的一项十分重要的科学探究能力。在活动的第1、3、4环节，教师引导幼儿用多种感官观察水是什么样的，玩水过程中出现了什么有趣的现象，都是基于此项内容。除了引导幼儿观察之外，教师还引导幼儿说一说

"水是什么样子的"，向同伴介绍自己的发现，实际是在发展幼儿表达交流的能力。

案例2　下雨了（小班）

活动目标

1. 通过观察下雨时的现象，了解雨和雨水的特征。

2. 能用语言表达下雨前后自然界的某些变化。

3. 关注天气的变化，激发探索气象的兴趣。

活动准备

选择即将下雨的时间，带好雨具。

活动过程

1. 组织幼儿在室外观察下雨前的天空。

（1）教师：现在的天空是什么样子的？

（2）教师：听听风声是怎样的？看看乌云怎样了？你还看见了什么？（如蜻蜓低飞、蚂蚁搬家）你知道天空要怎样了？（下雨）下雨了，我们怎么办？在哪里躲雨？

2. 组织幼儿观察雨落下时的情景。

（1）教师：雨从哪里来？雨点落下来时是什么样子的？

（2）教师：小雨下在哪些地方，变成什么样子了？（如地上湿了、屋顶上流下水来）和天晴时有什么不一样？

3. 引导幼儿聆听雨点落在地上的声音。

（1）教师：下雨时，你听到什么了？

（2）教师：大雨是什么声音？小雨是什么声音？鼓励幼儿学一学大雨"哗啦哗啦"、小雨"滴答滴答"的声音。

4. 带领幼儿穿上雨衣到雨地里走一走。

（1）教师：请你用小手接一接，接到什么了？

（2）教师：看看天空是什么样子？小花小草怎么样了？

5. 雨停后引导幼儿观察雨后的情景。

（1）教师：现在天空怎么样了？地上有没有变化？

（2）组织幼儿到户外场地感受一下雨前雨后有什么不同。如下雨后比下雨前凉快了，地上的尘土没有了，空气清新了。

要点提示 近距离地直接和雨接触，可使幼儿获得丰富的体验。教师可用个别询问的方式启发幼儿发现和表达自己的体验和观察结果，让幼儿在玩乐中有所收获。

［评析］

从科学概念角度来看，此活动蕴含了地球与空间科学领域中的核心概念：天气与气候。在小班，幼儿要了解各种天气现象（如阴、雨、晴等），因此，本活动是幼儿需要获得的关键经验。从年龄段的特点来看，本次活动也是适宜的，小班幼儿认识事物和现象的时候主要关注外在的、表面的特征，并且需要多感官地参与，在活动设计中教师不仅让幼儿看一看小雨的样子、听一听小雨的声音，还让幼儿在雨中用手接一接，和小雨有亲密的接触，这既是幼儿获得经验的途径，也能激发幼儿参与的热情。同时，由于小班幼儿是随机的观察，不能提前知道要做什么，因此需要教师的指导语更加明确。本次活动中，教师提供给幼儿明确的观察内容，而不是让幼儿随意去看，这点也十分值得肯定。最后，此活动主要发展了幼儿的观察能力、科学思考能力和表达交流能力。观察能力渗透在活动的各个环节。包括观察雨落下前的情景，雨水的特点，以及雨后的情景。而在观察过后，教师引导幼儿说一说"你看到了什么？""天空是什么样子的？""地上有没有变化？"实际在发展幼儿表达交流的能力，并在下雨过后引发幼儿讨论"雨前雨后有什么不同？"发展了幼儿科学思考的能力，从中我们也可以发现这些不同类型的科学能力有时是环环紧扣，紧密交织在一起的。

案例3 玩沙（中班）

活动目标

1. 感知沙的特性，尝试用湿沙进行造型活动。

2. 体验玩沙的乐趣，萌发对周围自然物的关注。

活动准备

1. 每组一盆沙，小桶、铲子、印模、沙漏、小筐等玩沙的工具。

2. 实验所用材料：水、玻璃杯、小棒、盐。

活动过程

1. 引导幼儿玩沙，感知沙的基本特性。

（1）每个幼儿在自己组的盆里抓一把沙，看一看、摸一摸、捏一捏，感知沙子的特性。

（2）尝试用沙漏或者小筐感知沙子能流动。

2. 观察实验：沙不溶于水。

教师在两杯水中分别放入沙子和盐，用小棒搅拌，引导幼儿观察两个杯子中各有什么变化。沙子沉在杯底，盐在水中溶化了，沙子是不溶于水的。

3. 感知、比较干沙与湿沙的不同。

（1）观察干沙和湿沙的不同。（干沙颜色浅，很松散，不易成型；湿沙颜色深，有黏性，可以塑形）

（2）请幼儿分别用干沙和湿沙做圆球，感知干沙和湿沙的不同。

4. 沙子造型活动。

（1）教师：沙子可以做圆球、堆成一座山、挖个洞，小朋友，你也用工具试一试吧。教师鼓励幼儿用沙子进行各种造型活动。

（2）欣赏各组的沙子造型作品。

5. 了解沙子的作用。

教师：想一想、说一说，沙子在生活中有什么用？

要点提示 在活动之前教师要进行玩沙的安全和自我保护教育，特别强调不把沙子弄到自己和别人的眼睛里、身上，鼓励幼儿用沙子建造各种物体。

[评析]

从科学概念角度来看，此活动蕴含了地球与空间科学领域中的核心概念：地球物质的特性。首先，对于中班幼儿来讲，能够描述沙的类型和特点，并且知道沙有不同的用途是该年龄段幼儿需要掌握的关键经验。其次，本活动的设计对于中班幼儿来说也是适宜的。中班幼儿有问题意识，也有了一定的实验探究能力，但是缺少可靠的、合理的解决方法，因此，教师在引导中班幼儿开展简单的探究活动时，要给幼儿明确的方向，告诉幼儿应该去怎么做。本活动中教师就提供了具体的材料和探究思路，让幼儿通过简单的实验发现"沙不溶于水"的现象，并且用干沙和湿沙做圆球，感知干沙和湿沙的不同。最后，本次活动发展了幼儿四种类型的科学探究能力。观察实验能力主要集中在前三个环节：观察沙的流动性、通过实验观察沙子不溶于水的现象以及用多种感官感知干沙和湿沙的不同；科学思考能力主要集中在第三个环节，把干沙和湿沙联系起来，比较并思考它们存在的差异；表达交流能力在活动设计中主要体现在第五个环节，如"让幼儿说一说沙子在生活中有什么用"，来清晰表达自己的观点；设计制作能力体现在第四个环节，用沙子进行各种造型活动。

案例4　有趣的石头（中班）

活动目标

1. 能用多种感官感知石头的特征，并用简单的语言表达自己的发现。

2. 知道石头在人们生活中有许多的用处。

活动准备

1. 棉花、木头、绿豆等物品若干，与幼儿收集的石头一起放入百宝箱中。

2. 收集一些石头工艺品或装饰品。

3. 收集一些关于石头在生活中的用途的图片。

4. 自制幼儿用记录单（见活动材料）。

活动过程

1. 游戏：摸石头。

（1）教师：这里有一个百宝箱，请你从里面摸出一块石头来。幼儿依次每人摸一块石头。

（2）教师：你怎么知道它就是石头呢？

2. 感知石头的各种特征。

（1）教师：石头是什么样子的？

（2）教师引导幼儿用摸、看、滚、掂等方法，从颜色、形状等方面感知石头的主要特征，鼓励幼儿用语言进行描述。

（3）引导幼儿把自己观察到的石头的特征用清晰、易于理解的符号记录在记录单上。

3. 师生共同交流。

（1）教师：你手上的石头是什么样的？你在观察的过程中有哪些发现？

（2）教师小结：石头的颜色不同（有灰色的、有发白的、有发红的）、石头的形状不同（有的尖、有的圆）、石头有轻有重、石头很硬……

4. 了解石头的用途。

（1）教师：石头有什么用？

（2）展示图片，了解石头在生活中的用途，鼓励幼儿在日常生活中收集石头的资料。

（3）师生共同欣赏各种石头的工艺品和装饰品。

要点提示　教师在活动组织中应积极鼓励幼儿用各种方法感知石头的特征，如看、摸、捏、掂、敲、滚、闻等。小结时应突出石头的明显特征。

活动材料

记 录 单

看一看
是什么颜色?

仔细看看
花纹是什么样?

摸一摸
是光滑还是粗糙?

敲一敲
会有什么声音?

掂一掂
是重还是轻?

请选一块小石头放在这里,并描画出它的轮廓。

[评析]

从科学概念角度来看,此活动蕴含了地球与空间科学领域中的核心概念:地球物质的特性。首先,对于中班幼儿来讲,要能够描述石头的类型和特点,并且知道石头有不同的用途是他们要掌握的关键经验,本活动的目标与此密切相关,所以活动选择的内容是恰当的。其次,中班幼儿的发展特点是能够摆脱事物外在特征的束缚,认识到事物之间的联系,进行一定程度的概括。此活动中,教师引导幼儿用多感官感知石头,用语言概括出石头的特性以及存在的差异,同样具有年龄适宜性。最后,此活动主要发展幼儿三种类型的科学探究能力,观察实验能力主要体现在第二个环节,用看、滚、掂等方法从颜色、形状等方面感知石头的主要特征;科学思考能力在第一个环节就有所涉及,让幼儿根据已有的经验从袋子里摸出石头,实际是基于已有的信息进行推测判断。此外,活动的后三个环节实际都涉及了对幼儿表达交流能力的培养,如"把自己观察到的石头的特征用清晰、易于理解的符号记录在记录单上"。这种符号形式的记录也是幼儿的一种表达方式。"说一说你手上的石头是什么样的？""石头有什么用？"引导幼儿围绕石头进行讨论，与同伴共同建构关于石头的概念。

案例5　土壤（中班）

活动目标

1. 知道土壤里有很多养分，是许多动植物赖以生存的场所。

2. 萌发好奇心，乐于主动探索土壤里的秘密。

3. 体验探索的乐趣，能与同伴交流分享自己的发现。

活动准备

1. 选择户外便于幼儿挖土和观察的、比较肥沃的泥地。

2. 每人准备小铲子一把。

3. 事先挖一小桶土。

活动过程

1. 通过谈话，引出活动。

（1）教师（拿出准备好的土）：这是什么？哪些地方有土？你们猜猜土里会有什么。

（2）教师：今天我们都带来了小铲子，一起去挖一挖，看一看。

2. 带领幼儿到户外进行探索。

（1）教师：猜猜这块土里有些什么？鼓励幼儿自由猜测并大胆说出理由。

（2）教师：现在就请你们挖开土，看看土里有什么。教师介绍挖土时的注意事项：挖土的时候，小心土中生长的植物，一边挖，一边看；要多注意自己的铲子不要碰到身边的小朋友。

3. 幼儿围坐成一个圆，集体交流观察的结果。

（1）教师：仔细看看，你们挖到的土是什么样的？有些什么颜色？摸在手上是什么感觉？闻一闻，有什么气味？

（2）教师：挖土的时候，你们发现了什么？土里有些什么？为什么土里会有这么多的东西呢？（土里有许多养分，植物生长需要养分，所以土是植

物生长离不开的地方。许多小虫子就喜欢在泥土里生活，所以土还是许多小虫子的家）

4. 引起幼儿再次探索的兴趣。

教师：我们周围的环境中哪里有土壤，它对人类的生活有什么作用？

活动变式　进行活动环节 1 时，教师也可带来一罐泥土，里面养着蚯蚓，让幼儿猜猜，罐子里装有什么；看见泥土后，可引导幼儿继续猜，罐子里除了有泥之外，还有什么，什么动物喜欢生活在泥土里；然后引出蚯蚓，之后再继续引导幼儿讨论，除了蚯蚓，泥里还会有什么。

［评析］

首先，从科学概念角度来看，此活动蕴含了地球与空间科学领域中的核心概念：地球物质的特性。能够描述土壤的特点，知道土壤的用途是中班幼儿需要掌握的关键经验，这些内容在活动设计中都有所涉及。其次，与前几个案例有所不同的是本活动包含了更多探究的过程：教师提出疑问，幼儿做出假设并说明理由，教师提供调查方案，幼儿验证自己的假设。对于中班幼儿来说，他们能提出问题，能大胆猜测，也能进行简单的调查，但不能对一个问题用科学的方法进行系统的探究。因此这个活动中教师给了幼儿明确的方向，告诉幼儿应该去怎么做，提出一些关键性的问题来引导幼儿是非常恰当的。最后，此活动发展了幼儿四种类型的科学探究能力。观察实验能力主要体现在第三个环节，幼儿观察土壤的颜色、气味等特性。在活动的第二个环节中，教师引导幼儿猜猜土里有些什么，鼓励幼儿自由猜测并大胆说出理由，实际是在发展幼儿科学思考的能力。在活动的第三个环节，幼儿围成一个圈，集体交流观察的结果，是引导幼儿客观描述所发现的事实或事物特征，发展幼儿表达交流的能力。设计制作能力主要体现在第二个环节，幼儿要用铲子挖土，同时还要注意自己的铲子不要碰到身边的幼儿，实际上是练习安全地使用简单工具。

案例6 玩空气（大班）

活动目标

1. 了解空气的特点。

2. 学习用多种方法感知空气的存在。

3. 知道空气对人类、动物、植物的重要性。

活动准备

1. 幼儿每人一个塑料袋。

2. 两盆水、牙签。

活动过程

1. 谈话导入活动。

（1）教师：小朋友我们每天呼吸的是什么？（呼吸的是空气）空气在哪里呢？

（2）教师：空气就在我们周围，可是你能看见空气吗？你能闻到空气吗？你能摸到空气吗？

（3）教师：怎么能感受到空气呢？鼓励幼儿猜想，如吸气时能感受到有空气进入鼻孔，呼气时感受到空气从鼻孔出来。

2. 玩一玩塑料袋，感受空气的存在。

（1）幼儿每人一个塑料袋，玩兜空气游戏。

（2）教师：你们的塑料袋怎样了？是什么让塑料袋鼓起来的？空气是怎样进到塑料袋里面的？

（3）教师：可以用什么方法证明塑料袋里装的是空气呢？鼓励幼儿大胆猜想。

（4）教师用牙签在塑料袋上戳洞并提问：这样做会怎么样？如果把戳了洞的塑料袋放入水中会有什么现象？教师演示，幼儿观察气泡的产生。

（5）教师与幼儿共同实验：在塑料袋上戳洞、放气，靠近皮肤、放入水中寻找气泡等感知空气的存在。

（6）教师小结：我们发现了许多空气的小秘密，空气虽然无色、无味、没有形状、看不见，但我们可以用一些方法感知空气的存在。

3. 说一说哪里有空气。

（1）教师：我们呼吸的是什么？请幼儿试着捏住鼻孔，闭着嘴感觉一下，感受空气对人的重要作用。

（2）教师：人要呼吸空气才能活，动物需要呼吸空气吗？鼓励幼儿列举生活在水里、空中、地上、地下的动物。

（3）引导幼儿回顾以前做的种植实验的经验，了解植物生长也需要呼吸空气。

[评析]

首先，从科学概念角度来看，此活动蕴含了地球与空间科学领域中的核心概念：地球物质的特性。对于大班幼儿来讲，初步理解空气对于人和动物、植物生存的重要性是他们需要获得的关键经验。由于空气相对其他物质比较抽象，缺乏具体的形象供幼儿探索，因此，关于空气的内容一般放在中班末期或者大班进行。教师通过各种形式引导幼儿探究发现空气就在我们周围，我们看不见也摸不着它，但也离不开它，因此，教师对本次活动的目标把握非常到位。其次，在年龄适宜性方面，大班幼儿的探究能力有了较大的发展，已具有了问题意识和科学方法意识，此时教师应引导和鼓励幼儿根据探究的问题，学习选用合适的探究方法。例如，案例中教师就提供塑料袋让幼儿自主探究，来证明空气的存在，符合大班幼儿的发展水平。最后，本活动发展了幼儿三种类型的科学探究能力。观察实验能力主要在第二个环节，让幼儿进行证明空气存在的小实验，其中蕴含着很多重要的现象需要幼儿观察。而在实验的过程中，幼儿根据观察到的现象，结合已有的经验进行合理的推论。例如，看到把戳了洞的塑料袋放入水中会有气泡冒出，可以推测这可能是空气。这个过程就在发展幼儿科学思考的能力。表达交流能力主要集中在第三个环节，"说一说哪里有空气"，引导幼儿结合自己的经验，围绕空气对于人类及动植物的重要性进行充分的讨论，大胆有效地表达自己的想法。

案例 7　四季的变化（大班）

活动目标

1. 知道一年四季是按春、夏、秋、冬的顺序循环交替的，巩固了解四个季节的特征。

2. 能用较清楚、连贯的语言表达自己的认识，体验同伴间相互交流的快乐。

活动准备

1. 四季的图片，幼儿绘画的不同季节的小图标若干。

2. 四季转盘，供幼儿贴图标用的四季空转盘。

活动过程

1. 观察四季的特征，引发幼儿对四季的谈论兴趣。

（1）教师：这里有四张图片，你们看看能发现什么？

（2）教师：你发现了什么？你是怎么知道的？

2. 玩四季转盘，知道四季交替的顺序。

（1）教师：现在是什么季节？一年之中还有哪几个季节？四季的顺序是怎样的？四季中的第一个季节是什么季？冬季是四季中的第几个季节？冬季结束之后又是什么季节？

（2）教师出示四季转盘，帮助幼儿理解四季的轮回交替。

3. 进一步了解四季的主要特征。

（1）教师再次出示四季的图片，问幼儿：这张图画的是什么季节的景象，你是怎么知道的？

（2）教师：一年四季有什么不同？引导幼儿分别从天气、人们的活动与穿着打扮、动植物的变化等方面谈论。

（3）游戏：贴四季。请幼儿分别根据人们在四季里的穿着、活动习惯，四季中动植物的变化等，将图标分别贴在图上相对应的季节中。

（4）教师：一年四季你最喜欢哪一个季节？为什么？引导幼儿说出自己对四季的感受。

[评析]

首先，从科学概念角度来看，此活动蕴含了地球与空间科学领域中的核心概念：天气和气候。对于大班幼儿来说，了解四季的变化顺序，初步理解季节变化和人类生活及动植物的关系是他们可以获得的适宜的关键经验。其次，在年龄适宜性方面，大班幼儿对于事物和现象之间联系有了一定的认识，他们开始理解和关注各种事物和现象与人们生活的密切联系。例如，根据季节和气候的变化，人们要穿保暖程度不同的衣服；天气会影响我们的活动，刮大风、下暴雨时不适合外出等，因此本活动也是大班幼儿需要掌握的重要内容。最后，本次活动重点发展了幼儿三种类型的科学探究能力。观察实验能力主要反映在幼儿通过观察图片，逐渐发现季节和人类生活的内在联系。在第三个环节，幼儿通过图片上的景色，推断所处的季节，发展了幼儿科学思考的能力。此外，幼儿分别从天气、人们的活动与穿着打扮、动植物的变化等方面谈论四季的不同，实际在概括四季的特点，幼儿表达交流的能力也得到了提升。

第二节　区域学习活动

案例 1　岩石百宝箱

适合的年龄段：小班、中班

材料说明

玄武岩、花岗岩、砂岩、石灰岩、片麻岩、大理岩等，木盒。

核心概念

不同种类的岩石具有不同的特性。

幼儿经验

通过观察知道岩石有不同的颜色，通过触摸知道岩石是坚硬的，有的光滑，有的粗糙，有的表面有粉末。

幼儿玩法

从颜色、形状、光泽等方面观察各种岩石，比较不同岩石的外部特征；触摸各种岩石可以感受到石头是坚硬的；放在手中掂一掂，感受不同岩石的重量。

教师指导

1. 引导幼儿运用视觉、触觉等多种感官来认识岩石。

2. 启发幼儿说一说"石头是什么样的""摸上去有什么感觉？"

［评析］

石头在我们的日常生活里也随处可见，幼儿对于各种各样的小石头也很有兴趣。对于小、中班幼儿来说，了解石头的基本特征，能够用语言描述石头的类型和特点是他们要掌握的关键经验，岩石百宝箱的核心概念紧扣于此，而且对于低年龄段的幼儿来说，认识事物和现象的最好方式就是通过多感官感知，因此在小、中班投放这些材料是适宜的。在操作过程中，教师也可以看出幼儿存在的个别差异。处于较低水平的幼儿只能孤立地认识事物，知道某块石头的颜色和形状是怎么样的。但处于较高水平的幼儿已经能进行一定程度的概括，明白石头很重、很硬，甚至能联系起来进行比较，理解石头有不同的种类，不同种类石头的特性存在差异。教师可以根据幼儿所处的水平进行恰当的提问，帮助幼儿提升经验。此活动可以发展幼儿三种类型的科学探究能力。通过多种感官感知岩石的特点，发展了幼儿观察能力，在观察后，概括出岩石的特性，并且比较不同种类岩石的差异实际是引发幼儿科学的思考。观察思考过后，教师提问"石头是什么样的？摸上去有什么感觉？"让幼儿把自己获得的经验说出来，表达交流能力也得到了锻炼。

案例2 玩水

适合的年龄段：小班、中班

材料说明

大水盆一个（内装有半盆水），塑料筐、瓶子、量杯、勺子。

核心概念

水无色、透明、会流动的特性。

幼儿经验

通过把水往瓶子和塑料筐里灌，发现筐子里盛不住水，并对这个问题和同伴进行讨论，进而感知水是会流动的。

幼儿玩法

1. 用瓶子等容器来玩水。

2. 用勺子往塑料筐和瓶子里灌水，然后说说灌水的结果，讨论塑料筐里为什么盛不住水。

教师指导

1. 引导幼儿运用视觉、触觉等多种感官来发现水的特性。

2. 启发幼儿说一说"水是什么样子的？""玩水的时候你发现了什么有趣的现象？"

[评析]

水不仅与我们的生活联系密切，而且与生命活动息息相关。在幼儿日常生活中，也会自发进行许多玩水的活动。对于小、中班幼儿来说，了解水的特征，能够描述水的基本特点是他们需要获得的关键经验。本活动虽然也是玩水，但是通过提供的材料更能引导幼儿围绕水的特性进行探索，通过具体科学现象促使幼儿围绕关键经验进行思考，避免幼儿处于随机、无目的的摆弄状态。当然，既然是区域活动，一定要关注到个别差异问题。对于不同发展水平的幼儿，教师也可以采用不同的引导方式。对于能力较弱的幼儿，教师就可以让幼儿运用多种感官来玩水，通过提问"说一说水是什么样子的？"帮助幼儿关注到水是无色、透明的，发展幼儿的观察能力。对于能力较强的幼儿，教师可以让其观察筐子里盛不了水的现象，并对这个现象进行解释，发展幼儿科学思考和表达交流的能力。

案例3　水到哪儿去了

适合的年龄段：中班、大班

材料说明

空矿泉水瓶若干，瓶盖上戳一个小洞。

核心概念

水蒸发后会"消失不见"。

幼儿经验

通过用水在地上写字、画画或者比赛玩水，认识到地上的水会"消失"这个现象，并对这个现象努力做出自己的解释。

幼儿玩法

在矿泉水瓶里装满水，然后拧上瓶盖，挤压瓶体用水在地上写字或画画，也可以互相比赛谁的水喷得远。

教师指导

对于能力较强的幼儿，引导幼儿观察一段时间后，地面上的水迹消失这个现象，并围绕这个现象讨论水消失不见的原因。

[评析]

同样是玩水的活动，小班往往只是进行简单的玩水，感知水的基本特性，到了中、大班阶段，幼儿逐步对自然界的事物和现象充满了好奇，并具备了一定的探究能力，此时让幼儿认识一些关于水的物理现象是非常恰当的。对于中、大班幼儿来说，了解水的特性是他们需要获得的关键经验，而这些特性主要反映在一些物理现象中，因此本活动具有年龄适宜性。此外，此活动也可以满足处于不同发展水平的幼儿的需求，对于能力较弱的幼儿，教师可以仅仅让幼儿用矿泉水瓶喷水和洒水，探索水的特点，发展幼儿的观察能力。对于能力较强的幼儿，教师可以引导幼儿进行持续观察，发现一段时间后地面上的水消失不见的现象，并鼓励幼儿做出自己的解释，发展幼儿科学思考、表达交流的能力。

案例 4 变化的四季

适合的年龄段：中班、大班

材料说明

春、夏、秋、冬拼图各一套。

核心概念

四季的典型特征。

幼儿经验

探索每块拼图形状和画面间存在的联系，拼成一幅完整的画面，通过对画面中各种景物的观察进而发现四季的主要特征。

幼儿玩法

选择自己最喜欢的季节来完成拼图，然后仔细观察自己的拼图，发现该季节的典型特征。有能力的幼儿可完成两幅以上的拼图，观察比较不同季节中都有哪些东西发生了变化。

教师指导

1. 引导幼儿观察拼图中四季的典型特征，可提问"你拼出的是哪个季节的画面？你都从哪些地方看出来的？"

2. 引导幼儿比较四季中人类、动植物的变化，如"在不同的季节中小朋友都发生了哪些变化？""还有哪些东西发生了变化？"

[评析]

拼图是幼儿园数学领域常用的材料，常用来帮助幼儿理解空间关系，幼儿也对拼图充满了探索的兴趣。此活动把拼图和了解四季特征的核心概念联系在一起，是一个很巧妙的做法。对于中、大班幼儿来说，了解各个季节的典型特征，初步理解季节变化和动物、植物及人类生活的关系是他们需要获得的关键经验，本次材料紧密围绕此关键经验来设置，具有年龄适宜性。此活动也能满足不同发展水平幼儿的需求。对于能力较弱的幼儿可以先让他们完成一幅拼图，并引导幼儿概括出该季节的典型特征。而对于能力较强的幼儿，可鼓励其完成两幅及以上的拼图，并引导幼儿观察比较不同季节中的变化。在本次活动中，可以发展幼儿三种类型的科学探究能力。在幼儿拼图的过程中，能够很好地锻炼观察能力；在概括四季的特点、比较四季存在的差异时，能够发展幼儿科学思考的能力；在教师的指导下阐述自己的观点时，能够发展幼儿表达交流的能力。

第三节　主题活动

案例1　神秘的太空（大班）

一、主题思路

深蓝色的天空星光灿烂，点点繁星好似颗颗明珠，镶嵌在幽蓝的天幕下，闪闪发光。茫茫宇宙令人神往，美丽的星空让人遐思无限。从古至今，人类从未停止过对宇宙、星空的向往。对幼儿来说，浩渺的宇宙是那么神秘，他们有很多问题想询问，有很多未知想探寻……

中国实现了载人航天的梦想，"神舟"飞船满载着中国人的骄傲和梦想，在宇宙中穿行，进入太空了！这更加激发了幼儿的探索欲望，他们用丰富的想象描绘出了一幅幅色彩绚丽、缤纷奇幻、神秘莫测的太空画卷，有形态各异的飞行器，有对太空城和未来世界的展望……幼儿对开发和利用太空的美好前景产生了无限的遐想。

在本主题活动中，幼儿将结合自己提出的问题去探索研究。在探索星球、太空、宇宙飞船等的过程中，接受空间科学的启蒙，培养对空间科学的关注和积极的情感态度，发展好奇心、想象力和创造力。

本主题拟用三周至四周时间完成。

二、主题目标

1. 有关注、探索太空自然现象的兴趣，接受粗浅的空间科学的启蒙。

2. 了解人们为探索太空所做的不懈努力，有一定的科学幻想力和创造力；萌发长大探索太空的愿望。

3. 喜欢看科普读物，能用语言清楚、简练地讲述探索过程和发现。

4. 能大胆想象，运用多种方法创造性地表现出天空中的物体。

5. 初步掌握从不同方向向后传球的技能，提高动作的协调性和灵活性。

6. 能根据乐曲的旋律感受音乐的意境，并创造性地用肢体动作表现。

7. 学习 7 以内数的组成和加减，自编自解应用题，学写数字 7、8、9。

三、主题实施路径表

集体活动		日常活动	环境创设	家园联系	区域游戏
基本活动	其他活动				
线索一：太空的秘密 1. 参观天文馆（综合） 2. 地球、太阳和月亮（科学：讨论） 3. 弟弟看星空（语言：诗歌） 4 月亮婆婆喜欢我（音乐：歌曲） 5. 会变的月亮（综合） 6. 星空（美术：欣赏）	1.7 的组成（数学：数的运算） 2. 地震来了（健康：自我保护） 3. 过云梯（体育：平衡）	● 日常渗透 1. 引导幼儿观察周围的自然现象，发现太阳与人、动植物的关系 2. 观察并记录月相的变化 ● 点名 说说自己知道的星球的名称 ● 户外活动 体育游戏"踩影子" ● 餐前 1. 继续提出自己想了解的太空问题，相互交流解答 2. 师生共同阅读有关天空宇宙的百科图书，丰富一些相应的科普知识 ● 起床 欣赏歌曲《我和星星打电话》	1. 布置"神秘的天空"专栏的图片展，提供太阳、月亮、星星等有关天空的图片，以丰富幼儿的感性经验 2. 将幼儿收集的各类关于天空、宇宙、星球的图片及照片等资料，归类后制作成班级图书，供幼儿自由翻阅，相互交流 3. 将梵高大师的《星月夜》作品图片与创作作品一起布置到班级环境中	1. 带领幼儿参观天文馆，进一步激发其了解有关天空奥秘的兴趣 2. 配合幼儿收集相应的有关天空的图画书和科普读物 3. 和幼儿一起观察月相的变化现象	● 益智区 八大行星（主题目标 1 的拓展） ● 科学区 1. 气球火箭（现阶段关键经验） 2. 有趣的降落伞（"有趣的降落伞"教学活动延伸） 3. 七彩陀螺（现阶段关键经验） ● 美工区 1. 太空飞行器（"我设计的宇宙飞船"教学活动延伸） 2. 神奇的太空花（主题目标 4 的拓展） ● 数学区 1. 分一分、记一记（主题目标 7 的拓展） 2. 看图编应用题（主题目标 7 的拓展） ● 语言区 1. 自由阅读（主题目标 3 的拓展） 2. 图画书阅读《月亮的味道》（主题目标 3 的拓展） ● 角色区 1. 太空旅行（幼儿兴趣需要） 2. 小舞台（幼儿兴趣需要）

续表

集体活动		日常活动	环境创设	家园联系	区域游戏
基本活动	其他活动				
线索二：飞向太空 1. 嫦娥奔月（语言：故事） 2. 宇宙飞船的秘密（综合） 3. 航天英雄了不起（语言：儿歌） 4. 我设计的宇宙飞船（美术：手工） 5. 有趣的降落伞（科学：制作） 6. 星球恰恰恰（音乐：游戏）	星球转转转（体育：传接球）	●晨练 继续引导幼儿练习通过身体的不同部位和方法，与同伴合作传球 ●餐前 1. 观看视频《在"神七"上看地球》、电影《E.T.》 2. 继续练习用二声部轮唱的方式演唱歌曲《闪烁的小星星》 ●散步 欣赏我国航天英雄的故事 ●起床 1. 欣赏故事《莱特兄弟》，了解人们发明飞机、飞向天空探索的追求 2. 欣赏神话故事《开天辟地》《夸父追日》《女娲补天》……	1. 收集有关宇宙飞船、航天飞机、宇航员等相应的图书、图片、模型等资料，丰富主题活动的内容 2. 结合幼儿设计制作的宇宙飞船作品创设展览区，丰富主题环境	与幼儿共同了解一些有关中国航天事业的事迹、故事及航天英雄人物	
线索三：我的太空梦想 1. 我的奶奶真麻烦（语言：阅读） 2. 神秘的外星人（美术：线描想象） 3. 闪烁的小星星（音乐：歌曲） 4. 我的太空梦想（美术：组合长卷画）	1. 看图编应用题（数学：数的运算） 2. 太空旅行（体育：持物跳）	●日常渗透 阅读有关星球、外星人的图书，激发探索太空奥秘的兴趣 ●餐前 1. 欣赏歌曲《小白船》 2. 复习音乐律动《星球恰恰恰》 3. 引导幼儿结合自己的绘画介绍自己的太空梦想的内容 ●散步 畅想和说说"神秘的外星人" ●起床 自由欣赏《神秘的外星人》的作品，感受每幅作品的独特	结合幼儿绘制的星球、飞船、飞碟、外星人等图片，布置"我们的太空"主题环境	与幼儿一起阅读有关太空的科普书籍，丰富经验，激发幼儿探索天空奥秘的兴趣	

[评析]

首先，浩瀚的太空充满了无限的奥秘，而人类探索宇宙的脚步也从未停止，可以说，人类对于地球之外那片神秘空间的好奇心是与生俱来的，而这份好奇心的起点就是幼儿。大班幼儿虽然无法真正理解复杂的天文现象，但是他们对太阳、月亮的运动并不陌生，他们在日常生活中已积累了丰富的经验，如知道太阳是个大火球，太阳和月亮每天都在运动等。对于大班幼儿来说，通过观察知道太阳和月亮的基本运动模式也是他们在科学领域需要获得的关键经验。因此，此主题并没有脱离幼儿的生活，是大班幼儿可以学习并且应该学习的内容。

其次，从上面的活动列表可以看出，主题活动不仅仅是集体教学活动的累加，还包含了日常活动、环境创设、家园联系、区域游戏等多个方面，这样不仅仅可以突出主题的内容，营造烘托主题的气氛，吸引幼儿围绕主题进行探索，还体现了教育方法和途径的整合。针对同一个教学目标，可以通过多种途径来实现，每种途径也各有利弊。因此，要想确保实现预期的目标，教师一定要善于挖掘多种教育途径来形成合力。

最后，在构成主题的活动中，有的是学科性的活动，如科学活动"地球、月亮和太阳"，音乐活动"月亮婆婆喜欢我"，语言活动"嫦娥奔月"等。这些活动内容本身是学科性的，但与"神秘的太空"这个主题有一定的联系，故而被整合到主题的活动中。除了学科性的活动之外，我们还可以看到主题展开的另一条线索，即以关于太空经验的不断丰富和巩固来组织的活动，如从参观天文馆来了解天空的秘密，再到"我设计的宇宙飞船"来飞向太空，到最后集体画出"我的太空梦想"进行一个较为完整的表达，各个活动安排有序，层层深入，在活动最后达到了一个高潮。特别需要强调的是，决不能把主题看作装载各种学科活动的"大口袋"，而要体现主题活动的价值和特点，突破学科的界限，将教学内容围绕主题的核心知识经验，按照某个内在逻辑线索组织起来。

案例2　大自然中的雨水（大班实录）

一、主题活动缘起

1. 操场地面积水的启发

幼儿园铺的塑胶地如果是复合型硅PU（篮球场专用）材料，一定遇到过这种情况——雨后操场低洼处会有积水，那是因为这种材料雨水渗透不下去，地面暂且又做不到绝对的水平，所以这种现象非常正常，但却引起了幼儿的注意。

遇到这种情况，幼儿都喜欢在积水里踩一踩、踩一踩脚，沾得鞋子衣服上都是雨水，幼儿是高兴了，可是家长的批评指责声不断："这孩子怎么这样，不能绕开走吗""你这孩子，怎么这么皮呢""幼儿园也真是的，怎么不扫掉呢"……我们听到了各种各样的声音。于是我们开始思考，能否将我们认为不利的因素化为有利的教育资源，在教师的指导下，让幼儿通过自身的活动去探寻、去发现，从而引发幼儿对身边自然现象的关注。

2. 幼儿对地面积水的原有认知

我们在操场上和大一班30名幼儿分别"聊天"，指着积水问他们："这是什么？雨水从哪儿来？""为什么有的地方有雨水，有的地方没有雨水？"他们这样回答：

"因为这边是最先下的，那边是后下的。"（12人）

"雨水没下到那边，只下到这边了。"（5人）

"那边被太阳晒干了，这里晒不到太阳。"（3人）

"那边的雨水都流到这里来了。"（3人）

"那边可能被房子或大树挡住了吧。"（2人）

"因为那边被踩干了，这边没人踩，多踩踩就干了。"（1人）

"这边可能有个小坡子。"（1人）

"因为那边是平的，这里有一点低。"（1人）

"那边的水流到下水道里了，这边离下水道远。"（1人）

"这边高，那边低吧。"（1人）

由此可见，幼儿们可能没有认真观察过雨水，因为雨水在自然界中司空见惯，于是我们开始思考"地面积水是否能引发幼儿对大自然中雨水的关注"。

我们相信，幼儿是天生的探索者，他们对自然充满好奇，愿意尝试去弄清楚他们自己的问题，我们只要创造机会，让幼儿在教师的指导下，通过自身的活动去探寻、去发现，他们一定会有意想不到的收获。

二、主题活动实施过程

第一阶段：　自主探究地面积水

1. 找找我的小脚印

雨后天晴，有几处低洼处还有积水。我带着幼儿准备到科学发现室活动，只见几个幼儿趁我不注意悄悄地去踩地面的积水，然后对身边的好朋友说："看，这是我的脚印"，于是他身边的很多小朋友都去踩积水并寻找自己的脚印，我发现后索性停下脚步说："今天，我们科学发现室的第一个活动就是——找找我的脚印。"幼儿听后兴奋极了。其间，我还特别提出："小朋友在玩的过程中，可以跟老师或好朋友说一说你是怎么做到让脚印留在操场的？你的脚印是什么样的？和小朋友的脚印有什么不同？你还发现了什么？"幼儿开始到操场上去寻找自己的小脚印，原本干和湿的操场上，留下了一个个清晰可见的脚印。最让人开心的是，幼儿的脸上充满了微笑，他们在观察、在比较、在排序、在追随脚印捉迷藏、在叽叽喳喳地说着什么，还不停地和我分享他们的快乐，那种童真、那种自然、那种轻松让我久久不能忘记。

2. 我来清除地面积水

又一场雨后，幼儿园的操场上多处出现积水，其中有三处积水刚好是小班家长接送幼儿的必经之路，幼儿园打扫卫生的陈爷爷正在清扫积水。大二班陶陶看到后说："陈爷爷我来帮助你好吗？""你是小朋友能有什么办法？"陈爷爷说。"我们班亲水区有长长的水枪可以用的。"陶陶说。陶陶回班跟我说了这事，其实我在窗口早已听到了他们的对话，于是我说："可以啊，我们把水枪都拿下去，让更多的小朋友帮助爷爷。"清除地面积水的行动就这样开始了。

陆续入园的幼儿也很快加入行动之中。其实，幼儿并没有把这件事情当作任务去做，而是当作游戏在玩，他们把吸到的积水喷洒到菜园里、下水道里，对着花盆喷洒，有的幼儿还玩起了"打针"的游戏，他们将吸到一半的水枪中的空气排出继续吸水，让水枪管子里吸到满满一"针筒"水，然后和身边的同伴进行分享，开心极了。半个小时不到，操场上的几处积水就被清除干净了，看来不利的因素也能成为有利的教育资源呢！

3. 由地面积水想到了雨水

每次雨后，操场上都会有积水，大班幼儿都知道地面积水是天上下下来的雨水。当幼儿提到雨水的时候，我就问他们："关于雨水你还知道什么？"幼儿说"下雨的时候要穿雨衣、雨鞋""不能出去玩了""有大雨、中雨和小雨""奶奶会接雨水浇花"……我接着追问："关于雨水你有什么问题想问吗？"他们的问题是这样的：

"为什么雨水会积在幼儿园操场上呢？"

"雨水从哪里来的呢？"

"雨水为什么会从天上掉下来？"

"为什么云变厚就会变成雨下下来呢？"

"为什么雨后出现彩虹？"

"雨水最后流到哪里去了呢？"

我把幼儿的问题记录下来并张贴在讨论区。那么，我们怎样才能找到问题的答案呢？最好的办法当然是下雨的时候带幼儿到操场去看一看，去亲身感受一下，幼儿知道后非常高兴，有的幼儿还特别强调："一言为定哦！"

看来幼儿期待下一场雨的到来，更希望在下一场雨中能有更多的发现。

第二阶段： 观察大自然中的雨水

1. 看下雨啰

（1）用身体部位接小雨。

经历过那么多次雨水天气，我和幼儿还是第一次这么认真地看下雨。毛毛雨刚下来时，幼儿就迫不及待地伸出小手接空中的雨水，不时地听到他们传来的声音：

"我的脸上滴了一滴雨水。""我手上滴了两滴。""滴到我眼睛上啦。""我的衣服上有好几滴雨水呢。""快看哪，地面上有许多小雨点，圆圆的……"

（2）在走廊观察大雨。

"下大啦，快到走廊躲躲雨吧。"

"地面上的小雨点不见了，地上全湿了，雨点变大了，这就是大雨吧。""操场上每个地方都在下雨，滑滑梯下面没有……"

"雨是从天上下下来的，像一条一条线一样，那么多。"

"不好啦，积水区那里有泡泡，那是什么？里面有鱼吗？那也是雨点吗？怎么会那么大？"

（3）这么多雨水就这样流走太可惜了，如果用工具把它接下来会怎样？

"那我们就会有很多很多的水。"

"可以养小鱼。"

"可以浇花。"

……

2. 接雨水啰

（1）看谁接的雨水多。

下午天空中淅淅沥沥地下起了雨，幼儿趴在走廊的窗户上凝望着窗外，有几个幼儿悄悄地伸出小手去接雨水，并自言自语道："雨水落在手心凉凉的。""要是老师带我们去接雨水就好了。""我家窗台外边有个小盆，上次下雨的时候就接了满满一盆的水。"

"你们想接雨水吗？你觉得用什么材料接雨水合适呢？"我问道。

幼儿立刻兴奋起来，"小桶。""小盆。""美工区的小瓶子。""老师，我想回家拿个大油桶，我觉得油桶大大的，肯定能接到很多的雨水。""老师我也想回家找个能接很多雨水的东西。"……幼儿想出了很多办法。

"那好，今天大家都可以回家去找一找，看看谁找到的东西接得雨水多。"我肯定了幼儿的想法。

和幼儿约定好了以后，我急忙给家长们发了短信，告知家长今天幼儿会回家寻找接雨水的容器，请家长不要给幼儿任何暗示，让幼儿根据自己的经验自由选择，家长只要给予物质材料的支持就可以了，这样避免了家长的直接告知而抹杀了幼儿探索体验的机会。

第二天，幼儿带着各种材料来到了幼儿园，大油壶、脸盆、塑料奶桶、铁皮月饼盒、整理箱，大大小小的材料堆满了教室。幼儿打着小伞，陆陆续续地将自己带来的材料放到了操场上，还相互交流起来："我的整理箱肯定能接到很多雨水，因为它大大的。""我的垃圾桶肯定也能，它很深很深。""我的大油壶的肚子那么大，一定接到最多的雨水。"雨一直下，每当自由活动时，幼儿都会在走廊上看看说说。离开幼儿园时，他们更是拉着爸爸妈妈的手，小心地走到自己的容器面前说："看，这是我拿来接雨水的，明天我这里面接得肯定多！"

雨断断续续下了一晚上。第三天早上雨停了，幼儿来到了操场上。"啊，我的小桶里接满了雨水"，"我的整理箱也接满了雨水"，"为什么我的大油壶里只接到一点点的雨水呢?""老师，我的牛奶瓶里也只接到一点点雨水。"这两个幼儿显得有些失落。"是呀，明明大油桶和鲜奶桶的肚子都挺大的，为什么接到的雨水这么少呢?"我把问题又抛给了他们。幼儿似乎也很疑惑，眼睛不停地看看大油壶、看看整理箱。"啊，大油桶的肚子是很大，但是口太小。""牛奶瓶的口也很小，雨水不容易接住呢!""要像整理箱一样肚子大大的，口也要大大的，才能接到更多的雨水。"在寻找、尝试、讨论中，幼儿知道开口大的容器可以接到更多的雨水。

"老师，下次下雨时我们还要接更多的雨水。"幼儿嚷嚷着。

他们好期待再次下雨哦!

（2）哪里可以接到更多的雨水。

天气预报报道今天有中雨，值日生在气象角进行天气记录时说："现在还有太阳，明明是晴天，怎么会下雨呢?"午睡起床后，天空渐渐阴了下来，一会儿雨哗哗哗地下了起来，幼儿高兴地说："我们又可以去接雨水喽!"

"今天，你们想选择什么容器去接雨水呢?"幼儿几乎都选择开口大的盆、桶、塑料箱等。

"如果用相同的盆，大家一起去接雨水，接到的雨水会一样多吗?"

"一样多，盆一样当然一样多啊!""要接一样长的时间才行。"有一名幼儿补充说。

"不管把盆放在哪里都这样吗?"

"放在不同的地方可能接到的雨水不一样多吧。"

"放在哪里会接到更多的雨水呢? 我们穿好雨衣到操场上去看一看、找一找，看看你觉得哪里可以接到更多的雨水。"

幼儿在幼儿园走了几圈，第一次这么认真细致地观察整个幼儿园下雨的情况。

"啊，走廊屋檐下的雨水好大! 像瀑布哦!""还像水帘洞呢!"

"墙角的下水管道里雨水像小河一样流。""那根长长的白管子一直通向屋顶，这雨水是从屋顶上流下来的吧!"

"滑滑梯滑道下面雨水也很多呢!""瞧，雨水顺着滑道向下流，好像也在滑滑梯呢!"

幼儿将自己的盆放在了屋檐下、滑梯下、下水管道出口等地方，不一会儿就接了满满的一盆雨水。在细致观察后，他们发现用相同的容器在不同的地方接雨水，有的地方可以接到更多的雨水，有的地方接到的雨水却很少。

第三阶段：　收集过滤雨水

1. 南水北调

雨过天晴，幼儿园操场上、屋檐下大大小小的容器里都接满了雨水。

我和幼儿商量将水运送到蓄水缸里，可是操场上有几个塑料游泳池里的水实在是太多了，拎不动，也抬不动，怎么办呢？

我鼓励幼儿动脑筋借用材料来帮忙。"我们班的所有材料，只要你认为可行都可以借用。"我说。这下幼儿的思维活跃了，他们开始在教室里四处寻找，忽然一个幼儿叫道："我们可以用'滚动小球'的瓶子来运水。"原来在区域游戏中，我们给幼儿提供了一些在底部开了洞的矿泉水瓶子，幼儿会将这些瓶子首尾相连，然后在瓶子的一头放进一个小球，几个幼儿合作让小球从瓶子的另一头滚出。

"这个方法真的行吗？"我故意露出了疑惑的表情，幼儿却异常兴奋，跳着说："我们想试试。"

说试就试，他们拿着瓶子来到了泳池边，不一会儿就将瓶子首尾相连形成了一条"小小长龙"。他们分段站在"小小长龙"的一边，小心翼翼地举起双手抬起瓶子，我在瓶子的一头慢慢倒入雨水，可是雨水并没有像小朋友想的那样很顺利地流到另一头。

"为什么雨水没有流过去呢？"我问。"我们有的人举得高、有的人举得矮，雨水不能从矮的地方流到高的地方。"幼儿说。"那怎么办呢？"我问。"老师，我们重新站位置，让高的小朋友站在前面，矮的小朋

友站在后面。这样雨水就能从高流到低了。"幼儿说。他们根据提议重新按照高矮顺序站好了，我又慢慢在瓶子一头倒入雨水，可是由于幼儿的身高并没有悬殊，雨水流了一半后，还是不动了。

幼儿有些沮丧了，开始互相埋怨了起来。这时晨晨不经意地抬高了左手放低了右手，水又流了起来。"快看，水流过去了，快把左手抬高。"晨晨叫了起来。只见幼儿一会儿抬左手一会儿抬右手，通过变换手的高度让瓶子里的水又流动起来，雨水源源不断地流向了缸里。这真像是一场巨大的"南水北调"工程呀！

在不断的尝试中，幼儿发现水从高处往低处流，知道彼此要合作，只有大家通力合作才能顺利地将水从一端运输到另一端。

2. 层层过滤

每天餐后散步，幼儿都会用蓄水缸的雨水给小鱼换水，或用蓄水缸的雨水浇灌种植园地。有一天散步时幼儿突然发现缸里的雨水变脏了，上面有一些树叶、树枝等漂浮物，下面还有一些沉淀的东西。我说："雨水变脏了，只能浇花用了，不能用来给小鱼换水了。"诚诚说："那我们就把它弄干净，可是怎么弄干净呢？"

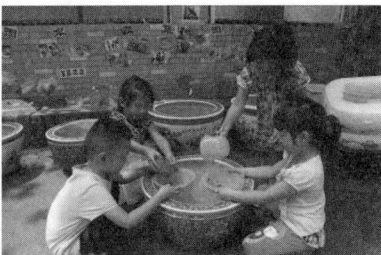

话没说完，就有几个幼儿直接用手去拿水上面的漂浮物，还有的幼儿用缸旁边现成的水舀去舀水里的脏东西，多次用水舀后也分不开水中的杂物。不一会儿，有两个幼儿跟我说："我想要一些工具帮忙。"

我顺势说："好呀。今天，你们可以大胆地想材料，只要幼儿园有的，你们都可以跟我说，我帮你们去拿。"

"真的吗？那我想到科学发现室找找。""我想到我们班找找。""我想到体育室找找。"幼儿七嘴八舌地说。

我一一满足了幼儿的要求，真正让他们体验一次自由寻找材料的过程，幼儿寻找材料的过程中，我看到了真正的自主、自由、创新和愉悦。

他们在晨间劳动区找到了抹小椅子的毛巾、小盆，在表演区找到了纱巾、棉花，在小医院游戏区中找到了纱布、针筒，在生活区找到了漏勺、篓子，在科学区找到了海绵、水枪……还有一名幼儿指着窗户上面的纱窗对我说："我要纱窗。"我愣了一下说。"那我下次想办法给你找纱窗布。"幼儿听了很满意。

找到了材料，他们便迫不及待地动手做起来。刚开始还有幼儿用小盆，发现不行又开始换漏勺、篓子，当他们发现这些带洞的工具能够很快地将上面的漂浮物过滤掉时显得非常高兴，不停地喊我去看他的成功做法。这时，我引导幼儿仔细观察被篓子或漏勺过滤后的雨水，看看是否可以通过其他材料再过滤，让雨水变得更清一些。在我的引导下，幼儿开始在篓子里加上毛巾、纱巾等材料再次过滤，这一次过滤后的雨水明显变得更为干净，幼儿又一次欢呼起来。为了让幼儿能够深入探究，我有意识地将他们集中起来进行交流，先肯定了他们前面的做法，使雨水一次比一次看上去清一些，同时，我又进一步提出要求："其实，雨水还可以过滤得更为干净，直到我们的眼睛看不到脏了才行，不过这得是爱动脑筋、细心、会和同伴合作操作的小朋友才能完成，你们愿意去尝试吗？"在我的启发引导下，这一次，我惊奇地发现幼儿用一层一层叠加的方法进行过滤，还有两个幼儿将多个去掉底部和瓶盖的矿泉水瓶倒扣在一起，每个瓶子里都垫上毛巾或纱布或纱巾等，这样过滤过的雨水看上去和自来水一样清澈了。

幼儿用过滤后的雨水倒进鱼缸里，看着小鱼在干净的水里自由自在地游了起来，他们开心地笑了。

3. 爱惜雨水

经过幼儿过滤后的雨水清澈了许多，但是裸露在室外很快又会变脏了，大家决定用缸盖将雨水盖起来，同时将缸外的一些雨水全部装进瓶子里收集起来，这样既做到爱惜雨水又方便浇花。

缸外的雨水主要集中在大澡盆和小桶里，但是又不是很多，如果直接用瓶子进去灌肯定是不行的，只见幼儿有的用水舀舀水往瓶子里倒，有的直接拎起小桶就往瓶子里倒水，雨水洒了一地。"好可惜呀！这样雨水会浪费了呀！"一旁的幼儿说道。

"有没有什么办法能又快又好地将盆里、桶里的水倒进瓶子里，还不漏出来呢？"我问。"可是瓶子的口太小了，水倒进去的时候会从瓶口里漏出来。"幼儿回答。"那么可不可以用材料来帮忙呢？老师这里有一张压膜纸，它可以帮助你们将水一滴不漏地装进瓶子里，不过要你们自己去研究、自己去发现。"我说。

幼儿拿起压膜纸开始尝试起来，有的幼儿将压膜纸放在瓶子的下面，有的将压膜纸裹在瓶子外边，可是倒水时水还是流了出来，"看来压膜纸要放进瓶子里才行哦！"他们自我总结着。于是压膜纸被卷成一个圆柱形放进了瓶子里。哇，水还是流了出来。"卷成这样放进瓶口，瓶口不是变得更小了呀！"有个幼儿说。"要把瓶口变大才行呢！"他们一边说一边不停地调整压膜纸的形状。快看，压膜纸被幼儿变成了开口大大的漏斗了，这次往里面倒水时，雨水全部装进了瓶子里，这下收集雨水时再也不会漏出来了！

幼儿用自己的方法将雨水全部收集起来了，一点也没浪费，这真是一次爱水行动啊！

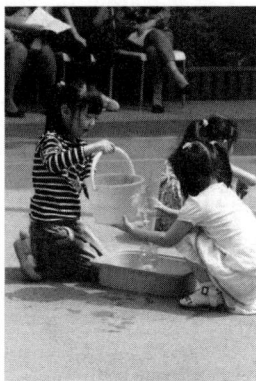

第四阶段： 探究雨水新玩法

这么多清清的雨水可以干什么呢？当然可以玩雨水喽！

幼儿天性喜欢玩水，玩水可以满足幼儿探索自然的兴趣。幼儿在无拘无束、自由自在地玩水时，心情自然开朗。清凉的水给他们很舒服的感觉，而幼儿用自己喜欢的方法去玩，他们能感受到自我控制的乐趣，更有满足感和成就感。

1. 水中钓鱼

雨后操场上的小泳池里也接满了雨水，幼儿看到后说："哇，就好像一个小池塘呀！要是有小鱼就好了。"

第二天一早东东就带来了几套钓鱼玩具，说："老师我想把'小鱼'放进池塘里，和小朋友们一起玩钓鱼游戏。"

就这样"小鱼"被放进了池塘里，它们好像一下子有了生命一样，随着水浪"游来游去"。这种"真实"情境的创设，进一步激发了幼儿想钓鱼的愿望，他们纷纷拿起鱼竿开始钓鱼了。一条，两条……

很快池塘里的小鱼就变少了，强强说："我怎么钓不到呀？"妞妞说："你看'小鱼'的嘴巴上有块铁片，鱼竿线上有一块小磁铁，只要磁铁碰到铁片，小鱼就能被钓上来了。"不一会儿，强强也惊喜地叫了起来："我也钓到一条喽！"

随着"小鱼"越来越少，想要钓到一条小鱼变得越来越不容易了，有的幼儿开始急躁起来，强强说："别着急，慢慢靠近'小鱼'的嘴巴，就会钓到小鱼的。"大家顿时安静了下来，耐心地拿住鱼竿靠近小鱼。啊，"小鱼"终于上钩啦！

快来数一数，我钓的"小鱼"真多呀！

2. 给跳跳马洗澡

体育活动的跳跳马可能每个幼儿园都有，幼儿爱玩跳跳马，可是玩了一段时间以后，跳跳马就会变脏了。

"跳跳马真脏呀，应该给它洗个澡。"

"那我们就用雨水给跳跳马洗个澡吧！"

"我洗澡时都是站着，妈妈用花洒给我洗澡的，可是幼儿园又没有花洒怎么洗呀？"

"哎，我们用长水枪来试一试。"两个幼儿看着脏了的跳跳马在一起商量着。

幼儿把跳跳马放进大澡盆，一个人拿起吸管式的水枪，在蓄水缸里吸了满满的一管雨水，对着跳跳马冲，另一个幼儿则拿起长柄刷子用力地刷了起来，你别小瞧他们，他们配合的还真默契呢！不一会儿，跳跳马被他们洗得干干净净了！

"找找看，幼儿园里还有什么东西也脏了，可以用雨水去清洗呢？"我说。

只见幼儿用雨水将种植园地的花盆、滑滑梯、大陀螺也清洗得干干净净了。

3. 喷洒作画

班级的亲水区里有幼儿带来的各种瓶子，有一种饮料的瓶盖上有个洞。有一天游戏时，涛涛将瓶子里装满了雨水，无意识地一压瓶身，水像一根"水柱"一样从瓶盖的洞里冒了出来，喷了他一身。

"哇，真好玩呀！就像大鲸鱼喷水一样！"他的发现引来了小伙伴的注意。于是大家一起寻找这种特殊的瓶子，装满雨水玩了起来。

"看，我向上喷，就像小喷泉在喷水。"

"我向前喷，突突突，就像机关枪在扫射。"

"老师，快来看，我还能用瓶子里喷出的水画画呢！这是我画的大鲨鱼。""这是我画的幼儿园。""我会用瓶子里喷出的水写字哦，这是我写的数字。""这是我写的名字。"

不一会儿，整个操场变成了一块大画布，画满了他们心中的世界。

有的幼儿回到家，还和爸爸妈妈一起在矿泉水瓶的瓶盖上钻了一个洞，在小区广场上也玩起了喷洒作画的游戏。

4. 竹篮打水

下了几天雨后，幼儿园喷泉池里接的雨水已经满了，幼儿决定运一些雨水到班级亲水区的蓄水缸里玩游戏。

"看看今天我们准备用什么材料来运水。"我拿出了一个竹篮。

"这个怎么行呀，你看上面全是孔。"

"老师，难道你不知道，有洞、有孔水就会流出去的。"

"小班的时候我就用有洞的玩具筐接雨水，结果一滴雨水都没有接到呢。"

"老师，我还知道有句话叫'竹篮打水一场空'哦！"

我的提议引来了幼儿的一片嘲笑声。

"竹篮真的就不能打水吗？真的就是一场空吗？真的一点儿办法都没有了吗？"我不停地追问着，这时幼儿开始安静了下来。

"要是把洞堵上是不是就可以了呢？"明明说道。

"用什么材料来堵呢?"我问。"要软一点的,因为这个篮子圆圆的。""还要是幼儿园有的才行呢!"幼儿纷纷说。

"我们用毛巾试一试把洞堵上。"他们拿来了许多的小毛巾,一块一块的,小心地在篮子里铺平,努力地挡住每一个小缝隙。

"我要用梧桐树叶,梧桐树叶大大的就像手掌一样把洞全部挡住。"幼儿捡来了一堆树叶,把篮子底铺了一层又一层。

"塑料袋肯定行,水透不过去,用塑料袋把孔挡住后水肯定流不出去。"有幼儿说。他们用大大小小的塑料袋,铺在篮子的底部,把篮子里的孔全部遮挡住。

运水开始喽!他们把篮子放进喷泉池,装满水,快速地拎起篮子跑向蓄水缸。虽然路上有水漏了出来,但是还是有很多的水被运了过来。

幼儿欢呼着,谁说竹篮打水是一场空呀!

5. 弯弯绕绕

亲水区里新增加了一些透明水管和大夹子,幼儿可以自由选择进行游戏。

一天,西西将水管随意地夹在走廊的栏杆上,就像一条弯弯曲曲的"跑道",玩起了"水的流动"的游戏。

"快看,我的管子里的水会拐弯呢?"西西说。

西西的这个发现引发了幼儿对水在弯曲的管子里流动的探究。他们用大夹子把透明水管随意夹在了柱子上,管子被幼儿任意摆出了不同的造型。

"直直的地方水流得好快呀。"

"弯小小的,水是可以流过去的。"

"弯大大的、高高的,水就流不动了。"

"看，我的管子打了一个结，水也过不去了。"他们互相交流着自己的发现和困难。

正当大家着急的时候，西西和多多互相合作，一个倒水，另一个不停地调整透明水管的方向。只见随着水管方向的变化水慢慢流了过去。

原来水在弯弯绕绕的水管里也能流出来哦!

6. 水厂工程师

幼儿玩了一段时间弯弯绕绕后，对水管游戏异常感兴趣。

"老师，我们想把水管连起来，把蓄水池里的雨水运到娃娃家。"

"是要建一座雨水厂吗？那就由你们来做水厂工程师吧!"

根据幼儿的提议，我还给他们提供了各种水管的连接材料，为他们的探索操作创造可能。

幼儿开始选择材料，测量水厂到娃娃家的距离，他们将一根根的水管连接起来，一头放在娃娃家的小桶里，另一头放在蓄水池上方。

"放水!"一声令下，幼儿从蓄水池里往水管里倒水，他们仔细地观察着每个水管接头处，发现漏水的地方，立刻进行维修和调整，将接头拧紧。不一会儿，雨水真的流到娃娃的家里了。就这样幼儿在游戏中，完成了小小水厂工程师的工作。

[评析]

本次活动是一个关于水的主题活动实录，向我们具体展示了一个好的科学主题活动是如何产生、发展，并最终成型的。当然，在具体的活动中，教师很多的指导充满了智慧，幼儿的科学探究能力也获得锻炼。但由于篇幅的限制，不再对每一个具体活动进行分析，而从活动线索形成的思路总结一些这个主题的闪光点，方便其他教育实践工作者借鉴，达到授人以鱼不如授之以渔的目的。

本主题活动的实录包含两部分的内容，活动的缘起以及活动的实施过程。在活动缘起部分，主要包含了两方面的内容：操场地面积水的启发、幼儿对地面积水的原有认知。本主题主要是从已有的课程资源出发，利用下雨后塑胶地上经常会充满积水这个现象，逐步生发出对水的各种探索。但同时，该园比较好的做法是还考虑了幼儿的兴趣和需要，发现幼儿对积水充满了兴趣后，调查了幼儿对于积水这个现象的已有经验，从调查结果入手，开展了一系列立足幼儿经验的关于水的科学活动。除了以上两点，主题的缘起实际上还可以从核心概念和关键经验出发，来考虑活动对于幼儿发展的必要性。以本活动为例，首先水从属于科学领域的地球物质的核心概念，对于幼儿来讲，他们需要获得的核心经验包括两个方面：一是对水物理性质的探索，二是对水生态意义的认识，本活动紧密围绕这两点来开展，因此对幼儿来说是适宜的。

活动实施的过程主要包含了四个阶段：①自主探究地面积水；②观察大自然中的雨水；③收集过滤雨水；④探究雨水新玩法。这四个阶段环环紧扣，主要线索是通过事件发生—事件发展—事件结束的思路来开展。事件的起点在下雨后地面上存了很多积水，当幼儿用自己的方法把积水清除掉后，教师抓住了此关键事件，适时地把幼儿的注意点从积水引到雨水，开启了观察雨水的活动，这一部分的活动主要是为了帮助幼儿透过一些自然现象，获得对水物理性质的认识。在观察过后，教师引导幼儿再次收集和过滤水，通过实验、讨论等活动，让幼儿认识到了水对于生命的重要性，加深了幼儿的节水意识，帮助幼儿获得了关于水生态意义的关键经验。在活动最后，以前一阶段收集到的雨水进行了各种玩水活动，把整个主题活动推向了高潮，让幼儿在玩的过程中潜移默化地获得了关于水特性的丰富经验。所以，一个好的主题活动要有内在的逻辑线索，各活动之间不是分离的关系，在活动开展的过程中要考虑幼儿的已有经验，围绕幼儿生活中真实存在的问题来进行探究，这才能真正激发出幼儿参与活动的兴趣，发展科学探究的能力。

第四节　日常生活活动

案例1　小雪花（小班）

活动目标

1. 初步了解雪花的基本特征，对雪产生兴趣。

2. 乐意表达自己的发现和感受。

活动准备

1. 选择冬天下雪的时候。

2. 放大镜、黑色卡纸。

活动过程

1. 与幼儿一起欣赏室外的雪景。

（1）教师：现在外面正在下雪，小朋友们也都很开心，一会儿我们去看一看雪花是怎样飘落下来的。

（2）教师：雪花是什么样子的？雪落在手上有什么感觉？（鼓励幼儿伸手接雪花，同时提醒幼儿注意安全，当心滑倒）

（3）教师：这儿有放大镜，你可以接一些雪花在卡片上，看看雪花是什么样的？雪花有几个花瓣？引导幼儿用黑色卡纸接几片雪花，然后用放大镜观察雪花（花瓣）。

2. 与雪花玩游戏。

带领幼儿在活动室里自由选择物品（如小碗、杯子等）接雪花、装雪花、玩雪花，还可以玩打雪仗的游戏等。

3. 师幼围绕雪的特性进行讨论。

[评析]

生活教育是幼儿科学教育一个不可缺少的途径，其重要性绝不逊于教学活动。由于生活活动往往是根据幼儿的兴趣产生和发展的，因此带有更多的随机性和生成性，需要教师拥有更加丰富的教学经验。本活动就是一个非常典型的案例，利用天气突然下雪这个偶发事件，教师进行了以雪为内容的生活活动，帮助幼儿获得关于雪的性质和特点的关键经验。对于幼儿来说，直接经验的获得远比间接经验更加重要，因此，在集体活动中通过观看视频来了解雪，其教育效果肯定不如在下雪天让幼儿去玩雪，利用生活教育途径帮助幼儿获得关于雪的丰富经验。在活动过程中，教师无须高度控制幼儿的行为，但可以提出一些有价值的问题，让幼儿在玩的过程中去思考。例如，在本次活动中，教师就问幼儿"雪花是什么样子的？雪落在手上有什么感觉？"通过这两个关键性问题的引导，促使幼儿运用多种感官感知雪花，借助放大镜观察雪花的特征，并围绕这两个问题进行集体讨论。这一过程既发展了幼儿的观察、交流等科学探究能力，也帮助幼儿积累和丰富了关于雪的关键经验。这种在做中玩、在玩中学的方式也是值得提倡的。

案例2　一天中的气温变化（大班）

活动目标

1. 知道一天的气温是会变化的。

2. 能正确使用温度计，连续记录一天中的气温变化。

活动准备

1. "一天中的气温变化"记录表（见活动材料）、笔。

2. 温度计。

活动过程

1. 利用餐点后较为短暂的时间，讨论分享幼儿关于一日气温的经验。

（1）教师：一天中的温度一样吗？有什么变化？

（2）教师：那你觉得在幼儿园什么时候温度最高？什么时候温度最低呢？

2. 介绍温度计和记录单。

（1）教师：我在气象台那里放置了温度计和记录表。每天各时段的气温可以用温度计来测量，然后把测量结果填在所在时段的表格中。

（2）请一个能力较强的幼儿进行操作，师幼共同讨论存在的问题。

3. 每天请一组幼儿轮流记录当天各时间段的温度，一周后再根据记录表全班一起讨论调查的结果。

活动材料

记　录　表

一天中的气温变化						
时　间 日　期	晨练	早点	午餐前	午睡后	户外活动	离园前
月　日	℃	℃	℃	℃	℃	℃
月　日	℃	℃	℃	℃	℃	℃
月　日	℃	℃	℃	℃	℃	℃
月　日	℃	℃	℃	℃	℃	℃
月　日	℃	℃	℃	℃	℃	℃

[评析]

幼儿在园的一日生活中，教学活动以及游戏活动的时间只是其中的一部分，而在更长的时间范围内，幼儿是在经历一种常规性、重复性的日常生活。

如果把一些教育内容和日常生活联系起来，教育的成效往往事半功倍，因为这不仅能激发幼儿的兴趣，还能避免在一些日常过渡环节消极等待的现象。在本次活动中，教师就巧妙地把"一天中气温变化"这个教育内容和日常生活的环节联系起来，引导幼儿围绕气温变化这个问题，学习运用简单工具进行探究。之所以选择这个内容，是因为它属于天气与气候的核心概念，并且容易渗透在幼儿一日生活之中。对于大班幼儿来说，知道天气可以通过相关测定的量来表示也是他们需要获得的关键经验。除此之外，大班幼儿对于基数已经有了较为深入的认识，能更好地使用温度计，因此本活动具有年龄适宜性。本活动教师的指导虽然不是很多，但幼儿在科学能力方面同样能获得很大的锻炼。在活动中，幼儿实际在经历完整的科学探究过程：提出问题、解决问题、表达交流、得出结论等多个环节，幼儿的科学探究能力也在这一过程中得到了发展。

参 考 文 献

National Research Council. Taking science to school：learning and teaching science in grades K-8[M]. Washington，D C：National Academies Press，2007.

杜威．民主主义与教育[M].王承绪，译. 北京：人民教育出版社，2001.

国家研究理事会．美国国家科学教育标准[M].北京：科学技术文献出版社，1999.

计彩娟，王善琴．小小饲养员：幼儿园饲养活动[M].南京：南京师范大学出版社，2014.

教育部基础教育司．《幼儿园教育指导纲要（试行）》解读[M].南京：江苏教育出版社，2002.

李季湄，冯晓霞．《3—6 岁儿童学习与发展指南》解读[M].北京：人民教育出版社，2013.

刘令燕，潘美芳，张继忠．小小园丁：幼儿园种植活动[M].南京：南京师范大学出版社，2014.

曲新陵，章丽．幼儿园综合教育课程：主题活动（大班上)[M].南京：江苏教育出版社，2013.

维果茨基．维果茨基教育论著选[M].余震球，译. 北京：人民教育出版社，2005.

沃斯，格罗尔曼．蚯蚓，影子和漩涡：幼儿班里的科学活动[M].刘占兰，易凌云，陈琴，等译. 北京：北京师范大学出版社，2008.

吴邵萍．幼儿园开放性课程：教师指导用书[M].上海：华东师范大学出版社，2012.

徐杰．大班幼儿沉浮概念转变教学之研究[D].南京：南京师范大学，2008.

翟小铭，郭玉英，李敏．构建学习进阶：本质问题与教学实践策略[J]．教育科学，2015（2）：47-51.

张俊．好奇、好问、好探究：幼儿的科学态度及其培养[J]．幼儿教育，2014（8）：4-5.

张俊．鹤鸣九皋　声闻于野：美国《新一代科学教育标准》对我国低年级科学教育的启示[J]．新课程研究（上旬刊），2015（1）：54-56.

张俊．幼儿园科学教育[M]．北京：人民教育出版社，2004.

张俊．幼儿园领域课程资源：科学[M]．北京：教育科学出版社，2014.

出 版 人　李　东
策划编辑　白爱宝
责任编辑　李秀勋
版式设计　杨玲玲
责任校对　张　珍　刘　婧
责任印制　叶小峰

图书在版编目（CIP）数据

幼儿园科学领域教育精要：关键经验与活动指导 /
张俊等著 . —北京：教育科学出版社，2021.1（2025.3 重印）
（幼儿园领域课程指导丛书）
ISBN 978-7-5191-2387-1

Ⅰ. ①幼… Ⅱ. ①张… Ⅲ. ①科学知识—教学研究—
学前教育　Ⅳ. ①G613.3

中国版本图书馆 CIP 数据核字（2020）第 226521 号

幼儿园领域课程指导丛书
幼儿园科学领域教育精要——关键经验与活动指导
YOU'ERYUAN KEXUE LINGYU JIAOYU JINGYAO——GUANJIAN JINGYAN YU HUODONG ZHIDAO

出 版 发 行	教育科学出版社				
社　　　址	北京·朝阳区安慧北里安园甲 9 号		**邮　　编**	100101	
总编室电话	010-64981290		**编辑部电话**	010-64989386	
出版部电话	010-64989487		**市场部电话**	010-64989572	
传　　　真	010-64989419		**网　　址**	http://www.esph.com.cn	
经　　　销	各地新华书店				
制　　　作	北京金奥都图文制作中心				
印　　　刷	保定市中画美凯印刷有限公司				
开　　　本	720 毫米×1020 毫米　1/16		**版　　次**	2021 年 1 月第 1 版	
印　　　张	114.75		**印　　次**	2025 年 3 月第 5 次印刷	
字　　　数	1688 千		**定　　价**	377.00元（共7册，含光盘）	

图书出现印装质量问题,本社负责调换。